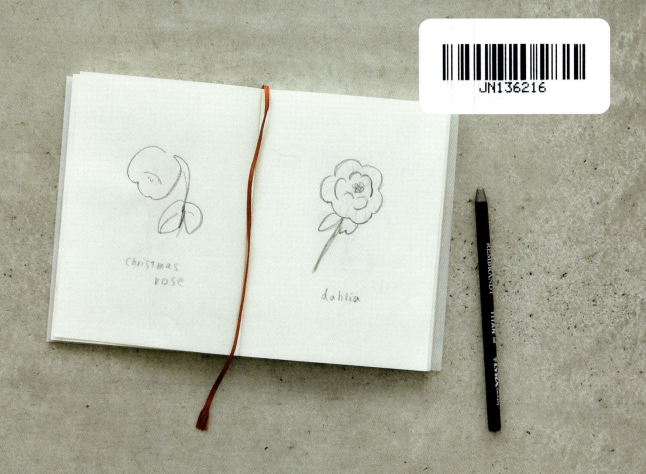

acou: 小林彩乃　文化出版局

シックな色の糸とビーズで、花の刺繍ブローチ

Contents

TINY FLOWER ウール糸の小さな花
SMALL —— p.6
MEDIUM —— p.7

カモミール —— p.10
デイジー —— p.11
ピオニー —— p.12
ミラー —— p.13
ペルル —— p.14
クリスマスローズ —— p.15
カラー —— p.18
スノーベリー —— p.18
クロッカス —— p.19
イアリング —— p.20, 21
ビオラ —— p.22
ビオラの片耳イアリング —— p.23
カメリアのつけ衿 —— p.24
ミモザのつけ衿 —— p.25
チューリップ —— p.26

ピンクダイヤモンド —— p.27
マーガレット —— p.28
リース —— p.29
アジサイ サークル —— p.30
マーガレット オーバル —— p.31
アネモネのネックレス —— p.32
ライラック —— p.33
ノバラ —— p.34
ローズ —— p.35
アジサイ —— p.36
ルリ —— p.37
リンドウ —— p.37
バラのネックレス —— p.38
スイセン —— p.39
スズラン —— p.40
スミレ —— p.41

HOW TO MAKE —— p.42

繊細なオーガンジーに浮かび上がる、
ふんわり柔らかい糸と優しいビーズの輝き。

刺繍のもつあたたかさの中に、凛とした空気が生まれるよう
素材を選び、シックな色合いを意識してデザインしました。

洋服に寄り添うように咲く花の姿は、
どこかはかなげで愛らしくもあります。

まずは小さなモチーフから。
ブローチ以外にもイアリングなどにアレンジして
楽しんでいただけるとうれしく思います。

一針一針、夢中で刺繍をする時間も
身につけてお出かけする時のわくわくした気持ちも
この小さなブローチとともに、
愛おしい記憶として残りますように。

Tiny flower
Small → p.56
Medium → p.60

Tiny flower
Medium → p.60

Tiny flower

Small →p.56

ブローチやイアリング、指輪などアレンジして楽しめる、愛らしい小さな花モチーフです。見ているだけでも想像が膨らみます。

a

b

c

d

e

f

ウール糸のボリュームがかわいいブローチ。
刺すときは、糸を引きすぎず、ふんわりと空
気を含ませるイメージで。

MEDIUM →p.60

TINY FLOWER
MEDIUM → p.60

TINY FLOWER
SMALL → p.56

CHAMOMILE

カモミール p.63

ふんわりとした花と柔らかい葉の曲線が愛らしい雰囲気。くつろいだ表情ながらも、存在感のあるブローチです。

DAISY 11

デイジー p.50

葉にドットとストライプ柄
をもつブローチ。色違いの
白(p.17-22)と一緒につけ
てもすてきです。

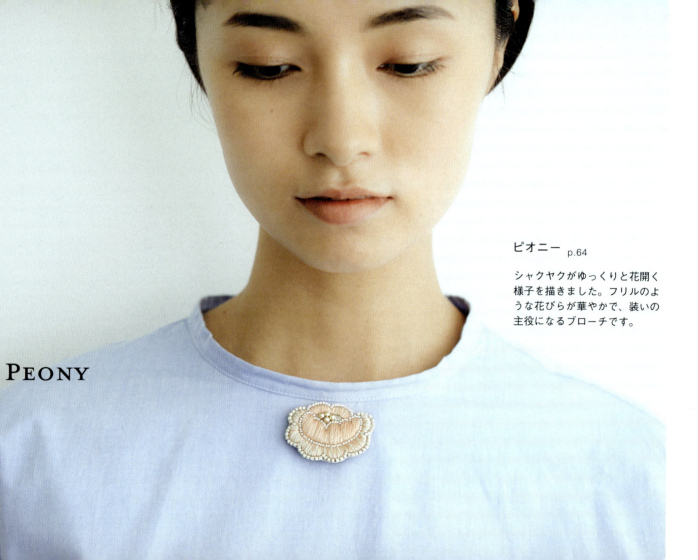

PEONY

ピオニー p.64

シャクヤクがゆっくりと花開く様子を描きました。フリルのような花びらが華やかで、装いの主役になるブローチです。

ミラー　p.65

立体的なビーズの輝きが鏡を見ているようで「ミラー」と名づけました。同色系でまとめたモダンなブローチは甘めの洋服を大人っぽく仕上げてくれます。

MIRROR

ペルル p.66

大切な人に贈るためのパールを、葉に一粒もっている……という空想のお花。一針一針丁寧に仕上げて、プレゼントしたくなるブローチです。

PEARL

クリスマスローズ p.67

下向きに咲く姿からイメージしました。丸く、ころんとしたフォルムは身につけているだけで穏やかな気持ちに。

CHRISTMAS ROSE

1 マーガレット オーバル→p.84
2 リース→p.82　3 ミラー→p.65
4 ピオニー→p.64　5 リンドウ→p.91　6 スイセン→p.93　7 マーガレット→p.81　8 スズラン→p.94　9 アジサイ サークル→p.83　10 ミラー→p.65　11 クリスマスローズ→p.67　12,13 クロッカス→p.70　14 ビオラ→p.74　15 スミレ→p.95　16 ペルル→p.66　17 ビオラ→p.74　18 カモミール→p.63　19 ルリ→p.90　20 アジサイ→p.89
21 チューリップ→p.75　22 デイジー→p.50　23 スミレ→p.95　24 デイジー→p.50　25 ライラック→p.86　26 クリスマスローズ→p.67　27 チューリップ→p.75　28 ピンクダイヤモンド→p.80

カラー p.68

カラーの花の楚々とした姿からイメージしました。マットなパールや抑えた色づかいは光沢のある生地とも相性がいいです。

スノーベリー p.69

ころんと丸い実が集まったボリュームのあるブローチ。冬はざっくりとしたニットと合わせて。

CALLA LILY / SNOWBERRY

CROCUS

クロッカス p.70

モノトーンの配色にドットと
ストライプの花びらが大人か
わいいブローチ。胸もとに軽
やかな動きが生まれます。

20

Earrings

イアリング p.72

イアリング p.72

顔まわりを上品に彩ってくれるシックなデザイン。イアリング以外にもシャツの衿もとにピンブローチとしてもつけられます。

ビオラ p.74

ブラックはモード、ベージュはナチュラルな雰囲気です。小さいながらも様々な素材を使ってステッチを楽しめます。

VIOLA 23

ビオラの片耳イアリング p.71

ブローチと同じデザインを、存在感
のある片耳のイアリングに。もう片
方はお手持ちのパールのイアリング
などと合わせてもすてきです。

カメリアのつけ衿 p.78

黒のオーガンジーに浮かび上がるシックな花が大人っぽいデザイン。お気に入りのボタンをつけて自分だけのつけ衿に。

CAMELLIA

ミモザのつけ衿 p.76

ヴィンテージショップで出会うようなクラシカルなつけ衿をイメージしました。控えめに光るビーズが上品で、贅沢な仕上りです。

MIMOSA

チューリップ p.75

チューリップが静かにそっと咲く姿を抽象的な形に描きました。装いに凛とした空気が漂います。

Pink Diamond

ピンクダイヤモンド p.80

チューリップの中でもいちばん好きな品種のピンクダイヤモンド。優しいピンクの色合いとふっくらとした糸の立体感が愛らしいです。

マーガレット p.81

マーガレットの小さな花束をイメージして。コートのベルトにつけたり、ヘアゴムにしたり、自由にアレンジしてください。

MARGUERITE

リース p.82

可憐な小花がつながるリースのデザイン。リースの輪は永遠や幸福を意味すると言われています。大切なかたへ贈りたいブローチです。

WREATH

アジサイ サークル p.83

縁とったパールからあふれるように小花が咲くブローチ。お気に入りのブックカバーにつけても、着物の帯留めにもおすすめです。

Hydrangea circle

MARGUERITE OVAL

マーガレット オーバル p.84

スカーフ留めやバレッタなど、幅広く使えるデザインにしました。ウール糸を黒に替えてもシックです。

アネモネのネックレス p.85

淡いピンクとダークグレーの大好きな配色で仕上げました。いつものシンプルなニットやカットソーがぐっと華やかな印象に。

ANEMONE

LILAC

ライラック p.86

ピンクベージュの色合いが優しい雰囲気。花は一つ一つふんわりと刺すこと、葉のチェーンステッチは細かく刺すとバランスよく仕上がります。

Japanese Rose

ノバラ p.87　素朴ではかなげに咲く様子を描きました。そっと見守ってくれるお守りのようなブローチです。

Rose

ローズ p.88　バラの花をカジュアルな装いにも合うよう、少し力の抜けたデザインに。飾らないその姿は洋服に自然になじんでくれます。

アジサイ p.89

晴れた日の青空のような鮮やかな色合いが目を引くブローチ。デニムと合わせても新鮮です。

HYDRANGEA

ルリ p.90

ルリカラクサの別名「星の瞳」からイメージしたブローチ。夜空のように深い濃紺の糸とまっすぐ見つめる瞳のようなパールは、ずっと眺めていたくなります。

リンドウ p.91

凛とした花の姿をのびやかに描きました。シャープなラインのワンピースやシャツにつけて、すっきりと合わせてください。

Veronica persica / Gentian

ROSE

バラのネックレス p.92

ビーズと一種類のウール糸のみで仕上げた柔らかい雰囲気のネックレス。中央の花を一つ写して、おそろいのイアリングを作るのもおすすめです。

スイセン p.93

ゆるやかに咲く花の曲線が洋服に
そっと寄り添ってくれる、バラン
スのとりやすいデザインです。バ
レッタにして髪につけても。

NARCISSUS

Lily of the valley

40

スズラン p.94　清楚な印象のスズランをモダンですっきり
　　　　　　 としたデザインに。縦横どちらでも、身に
　　　　　　 つけ方で表情が変わるブローチです。

スミレ p.95

スミレの押し花からイメージしました。小ぶりなサイズだから、帽子につけたり、ボタンのように身につけてもかわいいです。

VIOLET

糸、ワイヤー

1 **DARUMA 原毛に近いメリノウール**
 ふっくらと立体感を出したい花びら部分に。
 撚りが少なく、ふんわりとした質感を出しやすい。

2 **DARUMA iroiro**
 立体感を出したい花びらに使用。色数が豊富。

3 **DARUMA ロフティ ミシン糸（60番相当）**
 ビーズを刺す糸として使用。

4 **DARUMA カントリーママ メタリックスレッド**
 シルバーのラメ糸。華やかさを出したいときに。

5 **手芸用ワイヤー #18**
 茎の部分に使用。曲がるので茎の曲線を表現できる。

6 **DMC25番刺繍糸**
 細かなステッチで奥行きを出すときに。
 少し光沢と立体感を出したい部分に。

7 **DMC サテン糸**
 光沢を出したい場合に使用。

8 **DMC8番刺繍糸 コットンパール**
 花や葉の輪郭、茎部分に。

9 **DMC5番刺繍糸 コットンパール**
 主に花心を表現するときに使用。

ビーズ

丸小ビーズ
マットな質感のものを使用。特小よりも穴が大きめなので、初心者のかたにおすすめ。2〜2.2mmを使用。(1 TOHO)

丸特小ビーズ
モチーフの輪郭を繊細に表現したいときに。1.5mmを使用。(2 MIYUKI)

カットビーズ
ボリューム感とラフな輪郭を出したい部分に。2〜2.2mmを使用。(3 MIYUKI)

六角特小ビーズ
直線を描きたいときに。1.5mmを使用。(4 MIYUKI)

スパンコール
華やかさを出したい部分に。4mmを使用。(5 MIYUKI)

パールビーズ
主に花心部分に。2〜4mmを使用。つや消し銀(6)金(8)、カルトラ(7)、つや消しナツメ(9)、メタリック銀(10)金(11)、白(12)ほか、モチーフによって色を使い分けている。(すべてTOHO)

道具

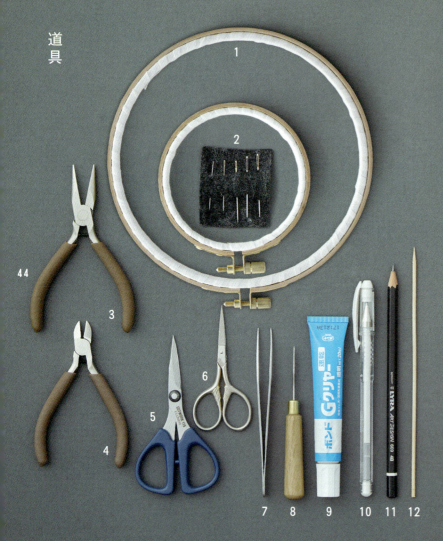

1 刺繍枠（クロバー）
＊綿テープを巻いたもの。巻き方はp.46参照
布をぴんと張るための道具。ブローチは10cm、ネックレスやつけ衿には18cmのものを使用。綿テープを巻くと布がずれにくく、刺しやすくなる。

2 針（クロバー）

フランス刺繍針No.10	ビーズをつけるときに使用
フランス刺繍針No.3	25番糸　6本どり
	コットンパール8番糸　2本どり
	コットンパール5番糸　1本どり
フランス刺繍針No.5	25番糸　4本どり
フランス刺繍針No.7	25番糸　2本どり
シェニール針　細	iroiro　1本どり
シェニール針　太	メリノウール　1本どり

3 平ヤットコ
ワイヤーを曲げるときに。

4 ニッパー
ワイヤーをカットするときに。

5 カットワークはさみ（クロバー）
布や合皮を切るときに。先がとがっていて細かい部分も切りやすい。

6 糸切りばさみ
先のとがったものを。

7 ピンセット
接着剤で布を裏にはり合わせるときに使用。

8 目打ち
刺し直しをするときや、仕立て作業にあると便利。

9 接着剤
布用のもの。

10 ゲルインクペン（白）
図案をオーガンジーに写す用。

11 鉛筆
図案をトレーシングペーパーに写す用。

12 竹串
接着剤を均一にのばすときに使用。

その他の材料

1 オーガンジー
　刺繍をする土台布。オーガンジーは、目の詰まった張りのあるものが刺しやすい。薄手の綿布でも代用できるが、オーガンジーは刺しやすくきれいに仕立てられるのでおすすめ。

2 合皮
　刺繍した後にはってブローチの土台にする。フェルトでも可。

3 トレーシングペーパー
　図案を写すときに使用。

4 ブローチピン
　ブローチのサイズに合わせて15mm、25mmを使用。

刺し方の基本

刺繍糸とウール糸の通し方

糸の端を針にかけて折りぐせをつけ、そのまま上に引き抜く。

輪の部分を針穴に通す。

刺繍枠のテープの巻き方

内側の枠に、幅2cmの綿テープを1/3程度重なるように斜めに巻きつける。すきまなく強めに巻くのがこつ。巻き始めと終りは、両面テープでとめる。

刺繍糸の扱い方

糸は40〜60cm程度にカットして使う。25番刺繍糸は、カットした6本の束から1本ずつ引き出し、必要な本数を針に通し、端をそろえて玉結びして使う。2本どりは、1本の糸を二つ折りにして玉結び。

刺し始めと刺し終り

ステッチによって刺し始めと刺し終りのしかたが異なります。

◎線のステッチの場合…アウトラインS、ストレートS、チェーンS

〈刺し始め〉　　　　　　　〈刺し終り〉

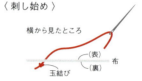
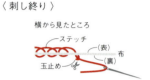

糸端を玉結びし、布の裏側から針を入れて表に出す。

布の裏側に針を出し、布の際で玉止めして糸を切る。

◎面を埋めるステッチの場合…サテンS、ロングアンドショートS

〈刺し始め〉

糸端を玉結びする。刺し始めの位置から少し離れたところに、布の表側から針を入れ、戻るように2回返し縫いをして刺し始めの位置に針を出す。

返し縫いにかぶせるようにステッチしていく。玉結びの手前まで刺したら、結び玉を布の際でカットする。

〈刺し終り〉

布の裏側に針を出し、戻るように糸をランダムに拾って、針を刺して引き抜く。

続けて、刺し終りの位置に戻るように同様に針を刺して引き抜き糸を切る。

ビーズの刺し方

ビーズを刺すときには、60番ミシン糸を約40cmにカットして、2本どりで使います。
＊図ではわかりやすいように1本どりにしていますが、実際は2本どりで縫います。

〈 刺し始め 〉

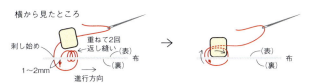

糸端を玉結びする。刺し始めの位置の少し先に布の裏側から針を出し、進行方向に向かって小さく2回返し縫いをしてから刺し始めの位置に針を出す。針にビーズ1個を通して裏側に出したら、もう一度ビーズの穴に針を通す。

〈 刺し終り 〉

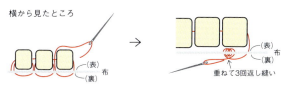

最後のビーズの際（ビーズで隠れて見えない位置）に針を出し、小さく3回返し縫いをしてから布の裏側に針を入れ、玉止めして糸を切る。

〈 続けて刺す 〉

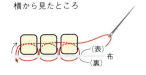

針にビーズ1個を通して布の裏側に出す。もう一度ビーズの穴に針を通して刺していく。続けて次のビーズ1個を通し、同じ要領ですきまをあけずに刺していく。

〈 間をあけて刺す 〉

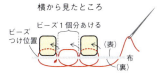

ビーズつけ位置からビーズ1個分先に針を出し、ビーズ1個を通して、1個分あけて返し縫い。次のビーズも同じ要領で刺していく。

〈 パールビーズを刺す 〉

パールビーズは球状なので、しっかり固定させるために返し縫いの要領でパールビーズに2回糸を通すようにする。

〈 スパンコールと一緒に刺す 〉

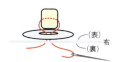

布の表側に針を出し、スパンコール1枚を通す。続けてビーズ1個を通したら、再びスパンコールの穴に通して裏側に針を出す。

基本のステッチ

この本で使われている6つのステッチを紹介します。

アウトラインステッチ

半目ずつ重ねるようにして、左から右に刺し進む。

ストレートステッチ

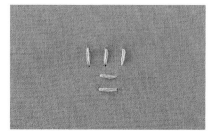

様々な長さや向きに、1針ずつ直線を刺す。

チェーンステッチ

輪を鎖のように連続して刺す。

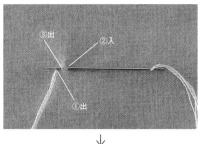

↓

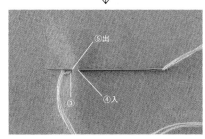

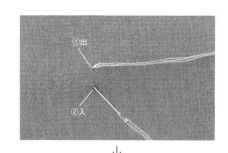

↓

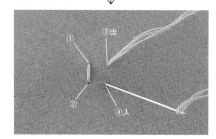

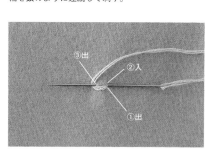

↓

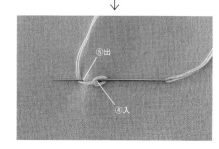

サテンステッチ

図案の輪郭に平行に糸を渡して、面を刺し埋める。

↓

ロングアンドショートステッチ

長短をつけたステッチで、面を刺し埋める。

↓

フレンチナッツステッチ（2回巻き）

針に糸を2回巻きつけて、点を作るステッチ。

↓

↓

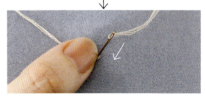

HOW TO MAKE

実物大図案

材料（1個分）

ホワイト・グレー共通の材料

デイジー

グレー
p.11

ホワイト
p.17

花

共通

葉

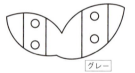

ホワイト

グレー

ホワイト

糸
- ウール糸[DARUMA原毛に近いメリノウール]…きなり(1)

ビーズ
- a　丸特小ビーズ[MIYUKI]…パール銀引(H5168/#551)を約75個
- b　パールビーズ2mm[TOHO]…白(200)を8個

グレー

糸
- ウール糸[DARUMA原毛に近いメリノウール]…ライトグレー(8)
- 8番刺繍糸[DMC]…薄グレー(762)

ビーズ
- a　丸特小ビーズ[MIYUKI]…濃グレー(H5760/#2001)を約75個
- b　パールビーズ2mm[TOHO]…白(200)を4個

ビーズ
- c　3カットビーズ[MIYUKI]…ベージュ(H5367/#578)を約10個
- d　丸特小ビーズ[MIYUKI]…濃グレー(H5760/#2001)を約60個

糸
- ミシン糸[DARUMA ロフティ]…生成り(A)、黒(B)
- 5番刺繍糸[DMC]…ベージュ(3046)
- 25番刺繍糸[DMC]…グレー(535)
- 8番刺繍糸[DMC]…濃グレー(413)

その他
- オーガンジー(白)…20×20cm
- 合皮(濃グレー)…葉用4×2cm
　　　　　　　　　…花用4×3.5cm
- 手芸用ワイヤー#18…4.5cm
- ブローチピン…25mm

作り方
＊写真は ホワイト で解説しています。

1 図案を写す

①トレーシングペーパーを図案に重ね、鉛筆で輪郭線を写す。

②刺繍枠にオーガンジーを張り、裏側に①を裏返してマスキングテープではる。

③表側からゲルインクペンで図案をなぞり、オーガンジーに写す。

④写し終わったところ。

2 ビーズを刺す（p.47「ビーズの刺し方」参照）

①ミシン糸（生成り）で、ビーズaを花びらの輪郭線の上に1周刺す。
＊〔グレー〕はミシン糸（黒）

②1周、刺し終わったところ。

③ミシン糸（生成り）で、ビーズcを花心の輪郭線の上に1個分ずつ間をあけながら1周刺す。

④ビーズc 3個を花心の中央に刺す。

3 刺繍をする（p.46「刺繍の刺し始めと刺し終り」、p.48「基本のステッチ」参照）

①ウール糸で、花びらと花心のビーズの間をロングアンドショートSで刺し埋める。

②ウール糸を刺し終わったところ。

③5番刺繍糸で、花心の中央のビーズの間を埋めるようにフレンチナッツS（2回巻き）を刺す。

④刺し終わったところ。

S＝ステッチの略

4 オーガンジーをカットし、仕上げる

①刺繍枠を外し、のり代0.5cmを残してカットする。さらに、のり代に切込みを入れる。

②のり代の裏側に、竹串で接着剤を薄く塗る。

③ビーズの縁にそって、ピンセットでのり代を裏側に折り込ではる。

④すべてはり終わったところ。表側からはのり代が見えない。

5 葉を作る

①1と同じ要領で、オーガンジーに葉の輪郭線を写す。ミシン糸(黒)2本どりで、ビーズdを葉の輪郭線の上に1周刺す。

②25番刺繍糸で、外側から1周ずつチェーンSを刺し、葉の内側を刺し埋める。

③図案を参照し、ミシン糸(生成り)2本どりで、ビーズbを刺す。
＊〔グレー〕は図案を参照し、8番刺繍糸(白)1本どりでストレートSを刺し、ミシン糸でビーズbを刺す。

④4と同じ要領でオーガンジーをカットし、裏側に接着剤ではる。

6　茎を作る

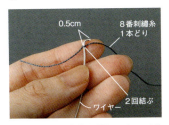  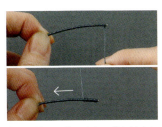 

①ワイヤーの先端を平ヤットコで曲げ、写真を参照して全体にカーブをつける。8番刺繡糸（濃グレー）の端を2回結ぶ。

②ワイヤーに竹串で薄く接着剤を塗り、糸を巻きつけていく。

③糸を端まで巻いたら、巻き始めに巻きながら戻る。

④端まで巻いたら、巻き始めの糸と2回結んで余分な糸を切る。

7　葉に茎をつける

①葉の上に茎をのせ、ミシン糸（黒）で縫いつける。葉の裏側から針を出し、茎の上に糸を渡していく。葉のつけ位置は出来上り写真を参照する。

②縫いつけたところ。

③葉の裏側に接着剤を塗り、葉用の合皮の裏側にのせてしっかりとはりつける。

④茎をよけながら、葉の縁にそって合皮をカットする。

8　花をつけて仕上げる

①花用の合皮の裏側に花をのせ、花にそってゲルインクペンで輪郭線を描く。

②①の中央にブローチピンを当て、穴の位置の上下に印をつける。

③②の上下の印をつないで線を引き、合皮を半分に折って切込みを入れる。

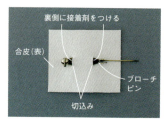

④合皮の表側からブローチピンを通す。ブローチピンと合皮の裏側が重なった部分に接着剤をつけてとめる。

⑤①の印の下端に**7**の茎部分を接着剤でつける。さらに印の内側全体に、竹串で接着剤をつける。

⑥⑤に花をのせ、しっかりとはりつける。

⑦茎をよけながら、花の縁にそって合皮をカットする。

⑧出来上り。

◎その他のテクニック

A ふっくらとさせたい部分…ウール糸の土台に重ねて刺繍をする

①ウール糸で刺し埋め、土台を作る。

②重ねて刺したい糸を、土台の上に重ねて指定のステッチで刺す(写真はサテンS)。

③刺し終わったところ。重なった部分がふっくらと盛り上がる。

④土台のウール糸が見えるように、ウール糸の上に間をあけて重ねてストレートSを刺すと模様ができる。

B ビーズの立体感を出したい部分…ウール糸の土台にビーズをつなげて刺す

①ビーズを重ねて刺したい部分をウール糸で刺し埋め、土台を作る。

②ウール糸が刺し終わったところ。

③土台の下端から針を出し、土台の幅に合わせてビーズをまとめて針に通して土台の上端に刺す。1列刺すごとに小さく1針返し縫いをすると固定される。同じ要領で刺し埋める。

C モチーフの上にモチーフを重ねる

オーガンジーを裏側に折り込んで、はったモチーフどうしを重ね、上のモチーフのビーズの際を細かい並縫いをして、下のモチーフに縫いつける。

p.6 TINY FLOWER SMALL →実物大図案p.62

a～o共通の材料
- オーガンジー(白)…20×20cm
- 合皮(薄グレー)…3.5×3.5cm

共通の作り方
1 オーガンジーを刺繍枠に張り図案を写す(p.50-**1**参照)。
2 下記の順に刺繍をする(p.51-**2**、**3**参照)。
3 オーガンジーをカットする(p.52-**4**参照)。
4 合皮をつけて仕上げる(p.54-**8**参照)。
※ ブローチにする場合は、15mmのブローチピンをつける。

a ベージュ 材料(1個分)
糸
- ミシン糸[DARUMA ロフティ]…生成り(A)
- ウール糸[DARUMA 原毛に近いメリノウール]…きなり(1)
- ウール糸[DARUMA iroiro]…マッシュルーム(2)

ビーズ
- 丸特小ビーズ[MIYUKI]…パール銀引(H5168/♯551)を約50個
- 3カットビーズ[MIYUKI]…パール銀引(H5364/♯551)を約20個
- パールビーズ 3mm[TOHO]…つや消し金(a-46)を1個

b グレー 材料(1個分)
糸
- ミシン糸[DARUMA ロフティ]…黒(B)
- ウール糸[DARUMA 原毛に近いメリノウール]…ダークグレー(9)
- ウール糸[DARUMA iroiro]…グレー(49)

ビーズ
- 丸特小ビーズ[MIYUKI]…メタリック黒(H2925/♯451)を約50個
- 3カットビーズ[MIYUKI]…クリアグレー(H5294/♯152)を約20個
- パールビーズ 3mm[TOHO]…つや消し銀(a-36)を1個

c 材料(1個分)
糸
- ミシン糸[DARUMA ロフティ]…生成り(A)
- ウール糸[DARUMA iroiro]…マッシュルーム(2)
- ラメ糸[DARUMA カントリーママ]…金(メタリックスレッド807)

ビーズ
- 丸特小ビーズ[MIYUKI]…パール中染(♯215)を約75個
- 3カットビーズ[MIYUKI]…ベージュ(H5367/♯578)を7個

---

①ミシン糸2本どりで丸特小ビーズを上下に刺す
②ミシン糸2本どりで3カットビーズを左右に刺す
③ウール糸(**a**きなり **b**ダークグレー)1本どりでサテンS
④ウール糸(**a**マッシュルーム **b**グレー)1本どりでサテンS
⑤ミシン糸2本どりでパールビーズを刺す

上・下・左・右

①ミシン糸2本どりで丸特小ビーズを刺す
②ウール糸1本どりでサテンS
③ミシン糸2本どりで3カットビーズを1個分ずつあけながら刺し、さらに中央に1個刺す
④ラメ糸6本どりでビーズの間を埋めるようにフレンチナッツS(2回巻き)

d ホワイト 材料(1個分)

糸
- ミシン糸[DARUMAロフティ]…薄グレー(178)
- ウール糸[DARUMA 原毛に近いメリノウール]…きなり(1)

ビーズ
- 丸特小ビーズ[TOHO]…つや消し銀(21F)を約55個
- パールビーズ 3mm[TOHO]…黒(204)を1個

e ブラック 材料(1個分)

糸
- ミシン糸[DARUMAロフティ]…黒(B)
- ウール糸[DARUMA 原毛に近いメリノウール]…ブラック(10)

ビーズ
- 丸特小ビーズ[MIYUKI]…つや消し黒(H5762/♯401F)を約55個
- パールビーズ 3mm[TOHO]…つや消し銀(a-36)を1個

f 紺・k グレー 材料(各1個分)

糸
- ミシン糸[DARUMAロフティ]…黒(B)
- ウール糸[DARUMA iroiro]…ライトグレー(50)、紺(12)
- ラメ糸[DARUMA カントリーママ]…銀(メタリックスレッド 802)

ビーズ
- 丸特小ビーズ[MIYUKI]…濃グレー(H5760/♯2001)を約60個
- パールビーズ 2.5mm[TOHO]…金(301)を1個

g 材料(1個分)

糸
- ミシン糸[DARUMAロフティ]…薄グレー(178)
- ウール糸[DARUMA iroiro]…ライトグレー(50)

ビーズ
- 丸特小ビーズ[TOHO]…つや消し銀(21F)を約70個
- パールビーズ 3mm[TOHO]…つや消し銀(a-36)を1個

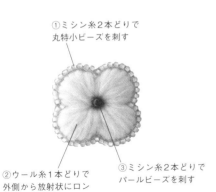

①ミシン糸2本どりで丸特小ビーズを刺す
②ウール糸1本どりで外側から放射状にロングアンドショートS
③ミシン糸2本どりでパールビーズを刺す

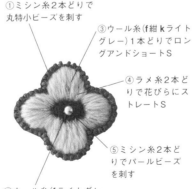

①ミシン糸2本どりで丸特小ビーズを刺す
②ウール糸(fライトグレー k紺)1本どりでサテンS
③ウール糸(f紺 kライトグレー)1本どりでロングアンドショートS
④ラメ糸2本どりで花びらにストレートS
⑤ミシン糸2本どりでパールビーズを刺す

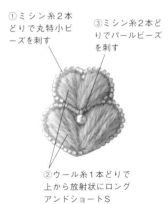

①ミシン糸2本どりで丸特小ビーズを刺す
②ウール糸1本どりで上から放射状にロングアンドショートS
③ミシン糸2本どりでパールビーズを刺す

h 材料（1個分）
糸
- ミシン糸[DARUMA ロフティ]…黒(B)
- ウール糸[DARUMA iroiro]…マッシュルーム(2)、黒(47)
- ラメ糸[DARUMA カントリーママ]…銀(メタリックスレッド802)

ビーズ
- 丸特小ビーズ[MIYUKI]…つや消し黒(H5762/#401F)を約50個
- パールビーズ2mm[TOHO]…カルトラ(201)を6個

① ミシン糸2本どりで丸特小ビーズを刺す
② ウール糸(マッシュルーム)1本どりでサテンS
③ ウール糸(黒)1本どりでサテンS
④ ラメ糸2本どりでパールビーズを1個分ずつあけながら刺す

i 材料（1個分）
糸
- ミシン糸[DARUMA ロフティ]…薄グレー(178)
- ウール糸[DARUMA iroiro]…桜(40)

ビーズ
- 丸特小ビーズ[TOHO]…つや消し銀(21F)を約55個
- 六角特小ビーズ[MIYUKI]…白(HC14/#421)を14個

① ミシン糸2本どりで丸特小ビーズを刺す
② ミシン糸2本どりで六角特小ビーズを刺す
③ ウール糸1本どりでサテンS

j 材料（1個分）
糸
- ミシン糸[DARUMA ロフティ]…黒(B)
- ウール糸[DARUMA iroiro]…ライトグレー(50)、紺(12)

ビーズ
- 丸特小ビーズ[MIYUKI]…濃グレー(H5760/#2001)を約80個
- パールビーズ2.5mm[TOHO]…銀(300)を3個

① ミシン糸2本どりで丸特小ビーズを刺す
② ウール糸(ライトグレー)1本どりでサテンS
③ ウール糸(紺)1本どりでサテンS
④ ミシン糸2本どりでパールビーズを刺す

l 材料（1個分）
糸
- ミシン糸[DARUMA ロフティ]…生成り(A)
- ウール糸[DARUMA 原毛に近いメリノウール]…ライトベージュ(2)
- ラメ糸[DARUMA カントリーママ]…金(メタリックスレッド807)

ビーズ
- 丸特小ビーズ[TOHO]…つや消しクリア(1F)を約60個
- 丸特小ビーズ[TOHO]…薄グレー(376)を約10個

① ミシン糸2本どりで丸特小ビーズ(クリア)を刺す
② ラメ糸2本どりでサテンS
③ ウール糸1本どりでロングアンドショートS
④ ミシン糸2本どりで丸特小ビーズ(薄グレー)を1個分ずつあけながら刺す

m 材料(1個分)

糸
- ミシン糸[DARUMA ロフティ]…薄グレー(178)
- ウール糸[DARUMA iroiro]…ライトグレー(50)、黒(47)
- ラメ糸[DARUMA カントリーママ]…銀(メタリックスレッド802)

ビーズ
- 丸特小ビーズ[TOHO]…つや消しクリア(21F)を約75個
- パールビーズ3mm[TOHO]…つや消し金(a-46)を1個

n 材料(1個分)

糸
- ミシン糸[DARUMA ロフティ]…薄グレー(178)
- ウール糸[DARUMA iroiro]…ライトグレー(50)
- ラメ糸[DARUMA カントリーママ]…銀(メタリックスレッド802)

ビーズ
- 丸特小ビーズ[MIYUKI]…パール銀引(H5168/#551)を約65個
- パールビーズ2.5mm[TOHO]…金(301)を1個

o 材料(1個分)

糸
- ミシン糸[DARUMA ロフティ]…生成り(A)
- ウール糸[DARUMA 原毛に近いメリノウール]…きなり(1)

ビーズ
- 丸特小ビーズ[MIYUKI]…パール銀引(H5168/#551)を約70個
- パールビーズ2mm[TOHO]…つや消し金(a-44)を3個

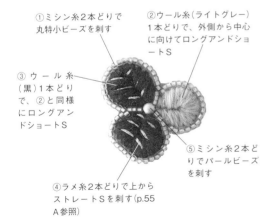

①ミシン糸2本どりで丸特小ビーズを刺す
②ウール糸(ライトグレー)1本どりで、外側から中心に向けてロングアンドショートS
③ウール糸(黒)1本どりで、②と同様にロングアンドショートS
④ラメ糸2本どりで上からストレートSを刺す(p.55 A参照)
⑤ミシン糸2本どりでパールビーズを刺す

①ミシン糸2本どりで丸特小ビーズを刺す
②ウール糸1本どりで外側から放射状にロングアンドショートS
③ラメ糸4本どりで、ウール糸の上にストレートSを刺す(p.55 A参照)
④ミシン糸2本どりでパールビーズを刺す

①ミシン糸2本どりで丸特小ビーズを刺す
③ミシン糸2本どりでパールビーズを刺す
②ウール糸1本どりで外側から放射状にロングアンドショートS

p.7　TINY FLOWER MEDIUM →実物大図案p.62

a～f共通の材料
- オーガンジー(白)…20×20cm
- 合皮(薄グレー)…5×5cm
- ブローチピン…25mm

共通の作り方
1. オーガンジーを刺繍枠に張り図案を写す(p.50-**1**参照)。
2. 下記の順に刺繍をする(p.51-**2**、**3**参照)。
3. オーガンジーをカットする(p.52-**4**参照)。
4. 合皮をつけて仕上げる(p.54-**8**参照)。

a ホワイト 材料(1個分)
糸
- ミシン糸[DARUMAロフティ]…生成り(A)
- ウール糸[DARUMA 原毛に近いメリノウール]…きなり(1)
- 25番刺繍糸[DMC]…薄ピンク(543)

ビーズ
- 丸小ビーズ[TOHO]…つや消しクリア(1F)を約60個
- 3カットビーズ[MIYUKI]…淡ベージュ(H5377/♯1296)を約20個

d ブラック 材料(1個分)
糸
- ミシン糸[DARUMAロフティ]…黒(B)
- ウール糸[DARUMA 原毛に近いメリノウール]…ブラック(10)
- 25番刺繍糸[DMC]…濃グレー(413)

ビーズ
- 丸小ビーズ[TOHO]…つや消し黒(49F)を約60個
- 3カットビーズ[MIYUKI]…クリアグレー(H5294/♯152)を約20個

b 材料(1個分)
糸
- ミシン糸[DARUMAロフティ]…薄グレー(178)
- ウール糸[DARUMA 原毛に近いメリノウール]…ライトグレー(8)
- 5番刺繍糸[DMC]…ベージュ(3046)

ビーズ
- 3カットビーズ[MIYUKI]…クリアグレー(H5294/♯152)を約90個
- 3カットビーズ[MIYUKI]…淡ベージュ(H5377/♯1296)を13個
- パールビーズ 4mm[TOHO]…つや消し金(a-47)を1個

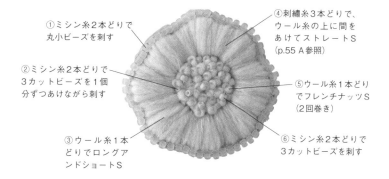

① ミシン糸2本どりで丸小ビーズを刺す
② ミシン糸2本どりで3カットビーズを1個分ずつあけながら刺す
③ ウール糸1本どりでロングアンドショートS
④ 刺繍糸3本どりで、ウール糸の上に間をあけてストレートS(p.55 A参照)
⑤ ウール糸1本どりでフレンチナッツS(2回巻き)
⑥ ミシン糸2本どりで3カットビーズを刺す

① ミシン糸2本どりで3カットビーズ(クリアグレー)を刺す
② ミシン糸2本どりで、3カットビーズ(淡ベージュ)を1個分ずつあけながら刺す
③ ウール糸1本どりでロングアンドショートS
④ ミシン糸2本どりでパールビーズを刺す
⑤ 刺繍糸1本どりでビーズの間を埋めるようにフレンチナッツS(2回巻き)

c ブラック 材料(1個分)

糸
- ミシン糸[DARUMAロフティ]…黒(B)
- ウール糸[DARUMA 原毛に近いメリノウール]…ブラック(10)
- 25番刺繡糸[DMC]…薄ピンク(543)

ビーズ
- 丸小ビーズ[TOHO]…つや消し黒(49F)を約110個
- パールビーズ 3mm[TOHO]…つや消し金(a-46)を1個

f ホワイト 材料(1個分)

糸
- ミシン糸[DARUMAロフティ]…生成り(A)
- ウール糸[DARUMA 原毛に近いメリノウール]…きなり(1)
- 25番刺繡糸[DMC]…濃グレー(413)

ビーズ
- 丸小ビーズ[TOHO]…つや消しクリア(1F)を約110個
- パールビーズ 3mm[TOHO]…つや消し金(a-46)を1個

e 材料(1個分)

糸
- ミシン糸[DARUMAロフティ]…生成り(A)
- ウール糸[DARUMA 原毛に近いメリノウール]…ライトベージュ(2)
- 5番刺繡糸[DMC]…ベージュ(3046)

ビーズ
- 3カットビーズ[MIYUKI]…淡ベージュ(H5377/♯1296)を約100個
- パールビーズ 4mm[TOHO]…つや消し金(a-47)を1個

①ミシン糸2本どりで丸小ビーズを刺す
③刺繡糸6本どりでフレンチナッツS(2回巻き)
②ウール糸1本どりでサテンS
④ミシン糸2本どりでパールビーズを刺す

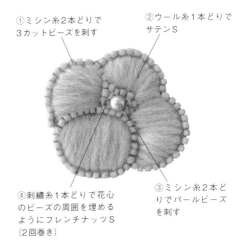

①ミシン糸2本どりで3カットビーズを刺す
②ウール糸1本どりでサテンS
④刺繡糸1本どりで花心のビーズの周囲を埋めるようにフレンチナッツS(2回巻き)
③ミシン糸2本どりでパールビーズを刺す

TINY FLOWER SMALL 実物大図案

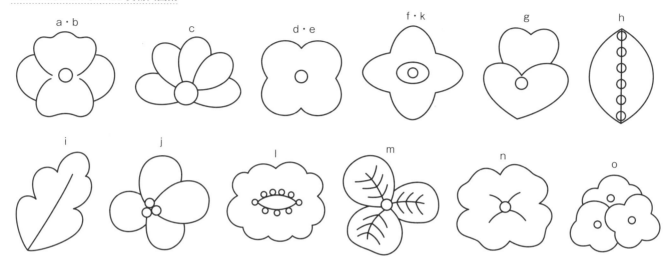

TINY FLOWER MEDIUM 実物大図案

p.10, 17 カモミール

実物大図案

花

葉

材料（1個分）

糸
- ミシン糸[DARUMA ロフティ]…生成り(A)、黒(B)
- ウール糸[DARUMA 原毛に近いメリノウール]…きなり(1)
- 25番刺繡糸[DMC]…山吹色(676)、濃グレー(413)
- 5番刺繡糸[DMC]…ベージュ(3046)
- 8番刺繡糸[DMC]…薄グレー(762)、濃グレー(413)

ビーズ
- 丸特小ビーズ[TOHO]…ベージュ(369)を約30個
- 丸特小ビーズ[TOHO]…つや消しクリア(1F)を約55個
- 丸特小ビーズ[TOHO]…グレー(113)を約60個

その他
- オーガンジー(白)…20×20cm
- 合皮(薄グレー)…花用4.5×3.5cm、葉用4×2.5cm
- 手芸用ワイヤー♯18…5cm
- ブローチピン…25mm

作り方

1. オーガンジーを刺繡枠に張り図案を写す(p.50-**1**参照)。
2. 右記の順に刺繡をする(p.51、52-**2**、**3**、**5**参照)。
3. オーガンジーをカットする(p.52-**4**参照)。
4. ワイヤーに8番刺繡糸(濃グレー)を巻いて茎を作る(p.53-**6**参照)。
5. ミシン糸(黒)2本どりで、葉に茎をつける(p.53-**7**参照)。葉のつけ位置は写真を参照する。
6. 花に茎と合皮をつけて仕上げる(p.54-**8**参照)。

①ミシン糸(生成り)2本どりで、ビーズ(ベージュ)を刺す

②ミシン糸(生成り)2本どりでビーズ(つや消しクリア)を刺す

③ウール糸1本どりでロングアンドショートS

④25番刺繡糸(山吹色)4本どりでサテンS。その上に重ねて5番刺繡糸1本どりで、ネット状にストレートS

⑤ミシン糸(黒)2本どりで、ビーズ(グレー)を刺す

⑥8番刺繡糸(薄グレー)2本どりでアウトラインS

⑦25番刺繡糸(濃グレー)6本どりでサテンS

p.12, 16 ピオニー

材料（1個分）
糸
- ミシン糸[DARUMA ロフティ]…生成り(A)
- ウール糸[DARUMA iroiro]…マッシュルーム(2)
- ラメ糸[DARUMA カントリーママ]…金(メタリックスレッド 807)
- 25番刺繡糸[DMC]…サーモンピンク(754)

ビーズ
- 丸特小ビーズ[MIYUKI]…パール中染(♯215)を約90個
- 3カットビーズ[MIYUKI]…淡ベージュ(H5377/♯1296)を約55個
- パールビーズ3mm[TOHO]…つや消し金(a-46)を4個

その他
- オーガンジー(白)…20×20cm
- 合皮(薄グレー)…5×4cm
- ブローチピン…25mm

作り方
1 オーガンジーを刺繡枠に張り図案を写す(p.50-**1**参照)。
2 下記の順に刺繡をする(p.51-**2**、**3**参照)。
3 オーガンジーをカットする(p.52-**4**参照)。
4 合皮をつけて仕上げる(p.54-**8**参照)。

実物大図案

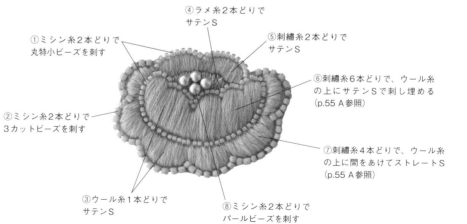

①ミシン糸2本どりで丸特小ビーズを刺す
②ミシン糸2本どりで3カットビーズを刺す
③ウール糸1本どりでサテンS
④ラメ糸2本どりでサテンS
⑤刺繡糸2本どりでサテンS
⑥刺繡糸6本どりで、ウール糸の上にサテンSで刺し埋める(p.55 A参照)
⑦刺繡糸4本どりで、ウール糸の上に間をあけてストレートS(p.55 A参照)
⑧ミシン糸2本どりでパールビーズを刺す

p.13, 16　ミラー

材料（1個分）

ライトグレー

糸
- ミシン糸[DARUMAロフティ]…薄グレー(178)
- ウール糸[DARUMA iroiro]…ライトグレー(50)
- 8番刺繍糸[DMC]…薄グレー(762)

ビーズ
- 丸特小ビーズ[TOHO]…つや消し銀(21F)を約140個
- 3カットビーズ[MIYUKI]…クリア(H5295/♯160)を約75個

ブラック

糸
- ミシン糸[DARUMAロフティ]…黒(B)
- ウール糸[DARUMA iroiro]…黒(47)
- 8番刺繍糸[DMC]…黒(310)

ビーズ
- 丸特小ビーズ[MIYUKI]…つや消し黒(H5762/♯401F)を約140個
- 3カットビーズ[MIYUKI]…メタリック黒(H5338/♯387)を約75個

ライトグレー・ブラック共通の材料

その他
- オーガンジー(白)…20×20cm
- 合皮(薄グレー)…4.5×3.5cm
- ブローチピン…25mm

作り方

1. オーガンジーを刺繍枠に張り図案を写す(p.50-**1**参照)。
2. 下記の順に刺繍をする(p.51-**2**、**3**参照)。
3. オーガンジーをカットする(p.52-**4**参照)。
4. 合皮をつけて仕上げる(p.54-**8**参照)。

実物大図案

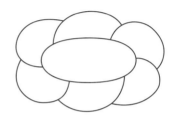

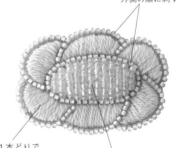

①ミシン糸2本どりで丸特小ビーズを内側、外側の順に刺す

②刺繍糸1本どりでサテンS

③ウール糸1本どりでサテンS。その上に3カットビーズをつなげて刺す(p.55 B参照)

p.14, 17 ペルル

材料（1個分）
糸
- ミシン糸[DARUMA ロフティ]…生成り(A)、黒(B)
- 8番刺繍糸[DMC]…生成り(ECRU)、濃グレー(413)
- 25番刺繍糸[DMC]…生成り(ECRU)、濃グレー(3799)
- ウール糸[DARUMA 原毛に近いメリノウール]…ライトベージュ(2)

ビーズ
- 丸特小ビーズ[TOHO]…つや消しクリア(1F)を約70個
- 丸特小ビーズ[MIYUKI]…濃グレー(H5760/#2001)を約55個
- パールビーズ2mm[TOHO]…つや消し金(a-44)を4個
- パールビーズ2.5mm[TOHO]…白(200)を1個

その他
- オーガンジー(白)…20×20cm
- 合皮(薄グレー)…花用4×3.5cm、葉用3×2.5cm
- 手芸用ワイヤー#18…4.5cm
- ブローチピン…25mm

作り方
1. オーガンジーを刺繍枠に張り図案を写す(p.50-**1**参照)。
2. 下記の順に刺繍をする(p.51、52-**2**、**3**、**5**参照)。
3. オーガンジーをそれぞれカットする(p.52-**4**参照)。
4. ワイヤーに8番刺繍糸(濃グレー)を巻いて茎を作る(p.53-**6**参照)。
5. ミシン糸(黒)2本どりで、葉に茎をつける(p.53-**7**参照)。葉のつけ位置は写真を参照する。
6. 花に茎と合皮をつけて仕上げる(p.54-**8**参照)。

実物大図案

花

葉

①ミシン糸(生成り)2本どりで丸特小ビーズ(クリア)を刺す
②8番刺繍糸(生成り)2本どりで、アウトラインS
③25番刺繍糸(生成り)2本どりでロングアンドショートS
④ウール糸1本どりでサテンS
⑤ミシン糸(生成り)2本どりでパールビーズ(金)を刺す
⑥ミシン糸(黒)2本どりで丸特小ビーズ(濃グレー)を刺す
⑦25番刺繍糸(濃グレー)6本どりでサテンS
⑧25番刺繍糸(濃グレー)2本どりでチェーンS
⑨ミシン糸(生成り)2本どりでパールビーズ(白)を刺す

p.15, 17　クリスマスローズ

材料（1個分）

ピンク・グレー共通の材料

糸
- ミシン糸[DARUMA ロフティ]…黒(B)、薄グレー(178)
- 25番刺繍糸[DMC]…薄グレー(01)、濃グレー(3799)
- 8番刺繍糸[DMC]…濃グレー(413)

ビーズ
- 丸特小ビーズa [MIYUKI]…濃グレー(H5760/♯2001)を約65個
- パールビーズ 2.5mm[TOHO]…金(301)を1個

その他
- オーガンジー(白)…20×20cm
- 合皮(薄グレー)…4×4cm
- 手芸用ワイヤー♯18…3cm
- ブローチピン…25mm

ピンク

糸
- 25番刺繍糸[DMC]…薄ピンク(543)
- ウール糸[DARUMA 原毛に近いメリノウール]…ライトベージュ(2)

ビーズ
- 丸特小ビーズb[MIYUKI]…パール中染(♯215)を約60個

グレー

糸
- 25番刺繍糸[DMC]…薄グレー(648)
- ウール糸[DARUMA 原毛に近いメリノウール]…淡グレー(8)

ビーズ
- 丸特小ビーズb[MIYUKI]…淡グレー(H5733/♯526)を約60個

作り方

1　オーガンジーを刺繍枠に張り図案を写す(p.50-**1**参照)。
2　右記の順に刺繍をする(p.51、52-**2**、**3**、**5**参照)。
3　オーガンジーをカットする(p.52-**4**参照)。
4　ワイヤーに8番刺繍糸を巻いて茎を作る(p.53-**6**参照)。
5　茎と合皮をつけて仕上げる(p.54-**8**参照)。

実物大図案

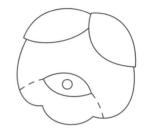

①ミシン糸(黒)2本どりで、ビーズaを刺す
⑥25番刺繍糸(濃グレー)6本どりでサテンS
⑦ミシン糸(薄グレー)2本どりでパールビーズを刺す
②ミシン糸(薄グレー)2本どりでビーズbを刺す
③25番刺繍糸(薄グレー)2本どりでサテンS
④25番刺繍糸　ピンク：薄ピンク　グレー：薄グレー　6本どりでサテンS
⑤ウール糸1本どりでサテンS。ピンクのみ、25番刺繍糸(薄ピンク)6本どりでウール糸の上にサテンS(p.55 A参照)

p.18 カラー

材料（1個分）

糸
- ミシン糸［DARUMA ロフティ］…生成り(A)
- ウール糸［DARUMA 原毛に近いメリノウール］…きなり(1)
- 25番刺繡糸［DMC］…薄グレー(01)
- 8番刺繡糸［DMC］…白(762)

ビーズ
- 丸特小ビーズ［TOHO］…つや消しクリア(1F)を約110個
- パールビーズ ナツメ［TOHO］…つや消し銀(a-43)を1個
- 3カットビーズ［MIYUKI］…銀(H2804/#181)を3個

その他
- オーガンジー(白)…20×20cm
- 合皮(薄グレー)…3.5×5cm
- 手芸用ワイヤー♯18…4.5cm
- ブローチピン…15mm

作り方

1. オーガンジーを刺繡枠に張り図案を写す(p.50-**1**参照)。
2. 下記の順に刺繡をする(p.51-**2**、**3**参照)。
3. オーガンジーをカットする(p.52-**4**参照)。
4. ワイヤーに8番刺繡糸を巻いて茎を作る(p.53-**6**参照)。
5. 茎と合皮をつけて仕上げる(p.54-**8**参照)。

実物大図案

①ミシン糸2本どりで丸特小ビーズを刺す

②ウール糸1本どりでサテンS

③25番刺繡糸2本どりでロングアンドショートS

④ミシン糸2本どりでパールビーズ、3カットビーズの順に刺す

p.18 スノーベリー

材料(1個分)

糸
- ミシン糸[DARUMA ロフティ]…生成り(A)、黒(B)
- ウール糸[DARUMA iroiro]…マッシュルーム(2)
- ラメ糸[DARUMA カントリーママ]…金(メタリックスレッド 807)
- 25番刺繡糸[DMC]…グレー(535)
- 8番刺繡糸[DMC]…濃グレー(413)

ビーズ、スパンコール
- 3カットビーズ[MIYUKI]…白(H5362/#528)を約90個
- スパンコール ソレイユ 4mm[MIYUKI]…金(HC124/#101)を4個
- パールビーズ 2mm[TOHO]…つや消し金(a-44)を4個
- 丸特小ビーズ[MIYUKI]…濃グレー(H5760/#2001)を約70個

その他
- オーガンジー(白)…20×20cm
- 合皮(薄グレー)…6×5.5cm
- 手芸用ワイヤー#18…4cm
- ブローチピン…25mm

作り方

1 オーガンジーを刺繡枠に張り、実と本体の図案をそれぞれ写す(p.50-**1**参照)。
2 下記の順に刺繡をする(p.51、52-**2**、**3**、**5**参照)。
3 オーガンジーをカットする(p.52-**4**参照)。
4 本体の上に実1個を重ねて、ミシン糸(生成り)2本どりで縫いつける(p.55 C参照)。
5 ワイヤーに8番刺繡糸を巻いて茎を作る(p.53-**6**参照)。
6 茎と合皮をつけて仕上げる(p.54-**8**参照)。

実物大図案

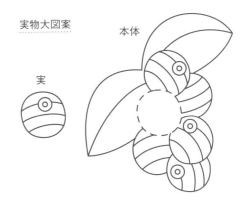

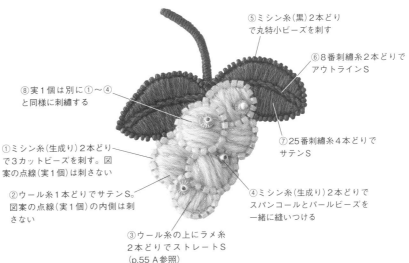

①ミシン糸(生成り)2本どりで3カットビーズを刺す。図案の点線(実1個)は刺さない
②ウール糸1本どりでサテンS。図案の点線(実1個)の内側は刺さない
③ウール糸の上にラメ糸2本どりでストレートS (p.55 A参照)
④ミシン糸(生成り)2本どりでスパンコールとパールビーズを一緒に縫いつける
⑤ミシン糸(黒)2本どりで丸特小ビーズを刺す
⑥8番刺繡糸2本どりでアウトラインS
⑦25番刺繡糸4本どりでサテンS
⑧実1個は別に①〜④と同様に刺繡する

p.17, 19　クロッカス

材料（1個分）

ドット・ストライプ共通の材料

糸
- ミシン糸[DARUMAロフティ]…黒(B)
- 25番刺繡糸[DMC]…黒(310)
- 8番刺繡糸[DMC]…濃グレー(413)、黒(310)、生成り(ECRU)

ビーズ
- 丸特小ビーズ[MIYUKI]…つや消し黒(H5762/♯401F)を約60個
- パールビーズ 2.5mm[TOHO]…つや消し銀(a-35)を1個
- 3カットビーズ[MIYUKI]…銀(H2804/♯181)を2個

その他
- オーガンジー(白)…20×20cm
- 合皮(薄グレー)…4×3.5cm
- 手芸用ワイヤー♯18…3cm
- ブローチピン…15mm

ドット

糸
- 25番刺繡糸[DMC]…淡ベージュ(453)
- ウール糸[DARUMA iroiro]…黒(47)

ストライプ

糸
- 25番刺繡糸[DMC]…薄グレー(648)
- ウール糸[DARUMA iroiro]…オフホワイト(1)

作り方

1　オーガンジーを刺繡枠に張り図案を写す(p.50-**1**参照)。
2　右記の順に刺繡をする(p.51-**2**、**3**参照)。
3　オーガンジーをカットする(p.52-**4**参照)。
4　ワイヤーに8番刺繡糸(黒)を巻いて茎を作る(p.53-**6**参照)。
5　茎と合皮をつけて仕上げる(p.54-**8**参照)。

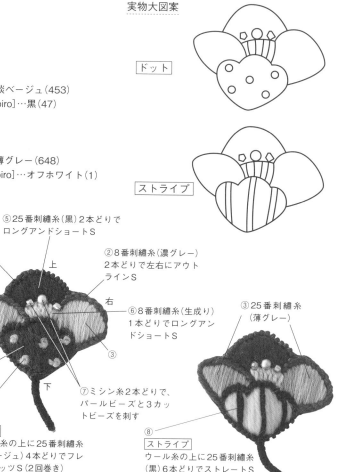

p.23 ビオラの片耳イアリング

材料(1個分)

糸
- ミシン糸[DARUMA ロフティ]…薄グレー(178)、黒(B)
- サテン糸[DMC]…シルバー(S712)
- 8番刺繍糸[DMC]…黒(310)
- ウール糸[DARUMA 原毛に近いメリノウール]…ダークグレー(9)

ビーズ、スパンコール
- 3カットビーズ[MIYUKI]…パール銀引(H5364/♯551)を20個
- 丸特小ビーズ[MIYUKI]…つや消し黒(H5762/♯401F)を25個
- 丸特小ビーズ[TOHO]…つや消し銀(21F)を約30個
- パールビーズ2mm[TOHO]…金(301)を1個
- スパンコール ソレイユ 4mm[MIYUKI]…金(HC124/♯101)を1個

その他
- オーガンジー(白)…20×20cm
- 合皮(濃グレー)…3×3cm
- イアリング金具…1個

作り方

1 オーガンジーを刺繍枠に張り図案を写す(p.50-1参照)。
2 下記の順に刺繍をする(p.51-2、3参照)。
3 オーガンジーをカットする(p.52-4参照)。
4 合皮をつけて仕上げる(p.54-8参照)。
5 合皮に接着剤でイアリング金具をつける。

実物大図案

①ミシン糸(薄グレー)2本どりで、3カットビーズを1個分ずつあけながら1個、2個の順で左右に刺す(p.74-2-①参照)

②ミシン糸(黒)2本どりで丸特小ビーズ(黒)を刺す

③ミシン糸(薄グレー)2本どりで丸特小ビーズ(銀)を刺す

④ミシン糸(薄グレー)2本どりで丸特小ビーズ(銀)を1個分ずつあけながら刺す

⑤サテン糸2本どりでビーズの間を埋めるようにフレンチナッツS(2回巻き)

⑥8番刺繍糸1本どりでサテンS

⑦ウール糸1本どりで(左右に)サテンS

⑧ミシン糸(薄グレー)2本どりでパールビーズをスパンコールと一緒に縫いつける

p.20-21　イアリング

a〜g共通の材料
- オーガンジー(白)…20×20cm
- 合皮(グレー)…3×3cmを2枚
- イアリング金具…2個

共通の作り方
1. オーガンジーを刺繍枠に張り図案を写す(p.50-**1**参照)。
2. 刺繍をする(p.51-**2**、**3**参照)。
3. オーガンジーをカットする(p.52-**4**参照)。
4. 合皮をつけて仕上げる(p.54-**8**参照)。
5. 同様にもう1個作る。
6. 合皮に接着剤でイアリング金具をつける。

a 材料(2個分)
糸
- ミシン糸[DARUMAロフティ]…薄グレー(178)
- 8番刺繍糸[DMC]…薄グレー(762)
- ウール糸[DARUMA iroiro]…ライトグレー(50)

ビーズ
- 丸特小ビーズ[TOHO]…つや消し銀(21F)を約180個
- 3カットビーズ[MIYUKI]…クリア(H5295/♯160)を約60個

b ブラック 材料(2個分)
糸
- ミシン糸[DARUMAロフティ]…薄グレー(178)
- ウール糸[DARUMA iroiro]…黒(47)

ビーズ
- 丸特小ビーズ[TOHO]…つや消し銀(21F)を約160個
- パールビーズ4mm[TOHO]…つや消し銀(a-37)を2個

e ホワイト 材料(2個分)
糸
- ミシン糸[DARUMAロフティ]…生成り(A)
- ウール糸[DARUMA iroiro]…オフホワイト(1)

ビーズ
- 丸特小ビーズ[MIYUKI]…パール銀引(H5168/♯551)を約160個
- パールビーズ4mm[TOHO]…つや消し金(a-47)を2個

①ミシン糸2本どりで丸特小ビーズを内側、外側の順に刺す

②8番刺繍糸1本どりでサテンS

③ウール糸1本どりでサテンS。その上に3カットビーズをつなげて刺す(p.55 B参照)

①ミシン糸2本どりで丸特小ビーズを刺す

②ウール糸1本どりでサテンS

③ミシン糸2本どりでパールビーズを刺す

実物大図案

a　　b・e　　c　　d　　f　　g

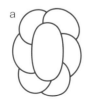

c 材料(2個分)
糸
・ミシン糸[DARUMAロフティ]…黒(B)
・8番刺繍糸[DMC]…濃グレー(413)、黒(310)
・ウール糸[DARUMA iroiro]…紺(12)

ビーズ
・丸特小ビーズ[MIYUKI]…メタリック黒(H2925／#451)を約140個
・パールビーズ2.5mm[TOHO]…銀(300)を2個

d 材料(2分)
糸
・ミシン糸[DARUMAロフティ]…生成り(A)
・ウール糸[DARUMA iroiro]…オフホワイト(1)

ビーズ
・丸特小ビーズ[TOHO]…つや消し銀(21F)を約80個
・六角特小ビーズ[MIYUKI]…白(HC14／#421)を約220個
・パールビーズ4mm[TOHO]…白(200)を2個

f 材料(2個分)
糸
・ミシン糸[DARUMAロフティ]…生成り(A)
・ウール糸[DARUMA iroiro]…オフホワイト(1)

ビーズ
・丸特小ビーズ[MIYUKI]…パール銀引(H5168／#551)を約100個
・3カットビーズ[MIYUKI]…金(H2805／#182)を12個

g (p.20) 材料(2個分)
糸
・ミシン糸[DARUMAロフティ]…生成り(A)
・ウール糸[DARUMA iroiro]…マッシュルーム(2)
・25番刺繍糸[DMC]…薄ピンク(543)

ビーズ
・丸特小ビーズ[MIYUKI]…パール中染(#215)を約80個
・3カットビーズ[MIYUKI]…淡ベージュ(H5377／#1296)を14個
・パールビーズ2.5mm[TOHO]…つや消し金(a-45)を2個

①ミシン糸2本どりで丸特小ビーズを刺す
②刺繍糸(濃グレー)1本どりでロングアンドショートS
③刺繍糸(黒)1本どりでロングアンドショートS
④ウール糸1本どりでロングアンドショートS
⑤ミシン糸2本どりでパールビーズを刺す

①ミシン糸2本どりで丸特小ビーズを刺す
③ミシン糸2本どりでパールビーズを刺す
②ウール糸1本どりでサテンS。その上に六角特小ビーズをつなげて刺す(p.55 B参照)

①ミシン糸2本どりで丸特小ビーズを刺す
②ウール糸1本どりでロングアンドショートS
③ミシン糸2本どりで3カットビーズを刺す

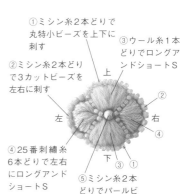

①ミシン糸2本どりで丸特小ビーズを上下に刺す
②ミシン糸2本どりで3カットビーズを左右に刺す
③ウール糸1本どりでロングアンドショートS
④25番刺繍糸6本どりで左右にロングアンドショートS
⑤ミシン糸2本どりでパールビーズを刺す

p.17, 22 ビオラ

材料（1個分）

ホワイト・ブラック共通の材料

糸
- ミシン糸[DARUMA ロフティ]…薄グレー(178)
- サテン糸[DMC]…シルバー(S712)

ビーズ
- 3カットビーズ[MIYUKI]…パール銀引(H5364/#551)を約30個
- 丸特小ビーズ[TOHO]…つや消し銀(21F)を約35個
- パールビーズ 2mm[TOHO]…金(301)を1個
- スパンコール ソレイユ 4mm[MIYUKI]…金(HC124/#101)を1個

その他
- オーガンジー(白)…20×20cm
- 合皮(濃グレー)…3.5×3.5cm
- 手芸用ワイヤー#18…4cm
- ブローチピン…15mm

ホワイト

糸
- 8番刺繍糸[DMC]…生成り(ECRU)
- 25番刺繍糸[DMC]…生成り(613)
- ウール糸[DARUMA 原毛に近いメリノウール]…きなり(1)

ブラック

糸
- 8番刺繍糸[DMC]…黒(310)
- 25番刺繍糸[DMC]…黒(310)
- ウール糸[DARUMA 原毛に近いメリノウール]…濃グレー(9)

作り方

1 オーガンジーを刺繍枠に張り図案を写す(p.50-**1**参照)。
2 刺繍をする(p.51-**2**、**3**参照)。
3 オーガンジーをカットする(p.52-**4**参照)。
4 ワイヤーに8番刺繍糸を巻いて茎を作る(p.53-**6**参照)。
5 茎と合皮をつけて仕上げる(p.54-**8**参照)。

実物大図案

①ミシン糸2本どりで3カットビーズを1個分ずつつけながら1個、2個、3個の順で左右に刺す

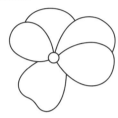

ビーズ1個分あける

⑤8番刺繍糸2本どりでアウトラインS

⑥25番刺繍糸6本どりでサテンS

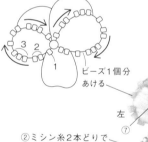

左 / 右

②ミシン糸2本どりで丸特小ビーズを刺す

③ミシン糸2本どりで丸特小ビーズを1個分ずつあけながら刺す

④サテン糸2本どりでビーズの間を埋めるようにフレンチナッツS(2回巻き)

⑦ウール糸1本どりで左右にサテンS

⑧ミシン糸2本どりでパールビーズをスパンコールと一緒に縫いつける

p.17, 26　チューリップ

材料（1個分）

ホワイト

糸
- ウール糸[DARUMA 原毛に近いメリノウール]…きなり(1)

ビーズ
- 丸特小ビーズa [MIYUKI]…パール銀引(H5168/#551)を約70個
- 六角特小ビーズ[MIYUKI]…銀(HC11/#1)を6個

ホワイト・グレー共通の材料

糸
- ミシン糸[DARUMAロフティ]…薄グレー(178)、黒(B)
- ウール糸[DARUMA iroiro]…紺(12)
- 25番刺繡糸[DMC]…淡グレー(01)、グレー(535)
- 8番刺繡糸[DMC]…濃グレー(413)

ビーズ
- パールビーズ 2mm[TOHO]…つや消し金(a-44)を3個
- 丸特小ビーズb [MIYUKI]…濃グレー(H5760/#2001)を約60個

その他
- オーガンジー(白)…20×20cm
- 合皮(薄グレー)…花用3×3.5cm、葉用4×2cm
- 手芸用ワイヤー#18…4.5cm
- ブローチピン…15mm

グレー

糸
- ウール糸[DARUMA 原毛に近いメリノウール]…ライトグレー(8)
- ラメ糸[DARUMA カントリーママ]…銀(メタリックスレッド 802)

ビーズ
- 丸特小ビーズa [MIYUKI]…淡グレー(H5733/#526)…約70個

作り方

1. オーガンジーを刺繡枠に張り図案を写す(p.50-**1**参照)。
2. 右記の順に刺繡をする(p.51、52-**2**、**3**、**5**参照)。
3. オーガンジーをカットする(p.52-**4**参照)。
4. ワイヤーに8番刺繡糸を巻いて茎を作る(p.53-**6**参照)。
5. ミシン糸(黒)2本どりで、葉に茎をつける(p.53-**7**参照)。葉のつけ位置は写真参照。
6. 花に茎と合皮をつけて仕上げる(p.54-**8**参照)。

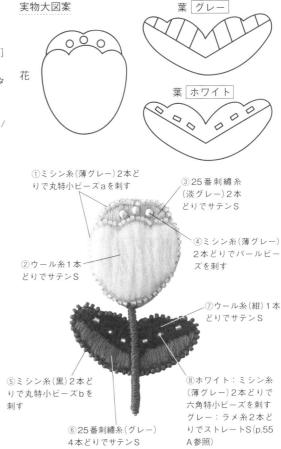

p.25 ミモザのつけ衿

材料
糸
- ミシン糸[DARUMAロフティ]…生成り(A)
- 8番刺繍糸[DMC]…生成り(ECRU)
- 25番刺繍糸[DMC]…生成り(ECRU)

ビーズ
- 3カットビーズ[MIYUKI]…白(H5362/♯528)を約200個
- パールビーズ 2.5mm[TOHO]…カルトラ(201)を56個
- パールビーズ 3mm[TOHO]…つや消し銀(a-36)を24個

その他
- リネン(生成り)…40×30cmを2枚
- 接着芯(薄手)…40×30cm
- スプリングホック…1組み

作り方

1 リネン1枚の裏側に型紙を写し、1cmの縫い代をつける。表側に図案を写す。表布になる。
   ＊型紙と図案は左右対称に写す。

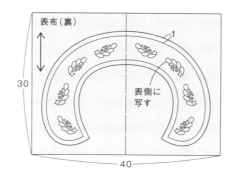

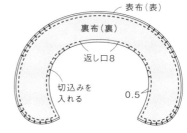

2 右ページの順に刺繍をする(p.51、52-2、3参照)。
3 残りのリネン1枚の裏側に接着芯をはる。裏側に型紙を写し、周囲に1cmの縫い代をつける。裏布になる。
4 表布と裏布は、それぞれ縫い代でカットする。
5 表布と裏布を中表に合わせ、返し口を残して縫い合わせる。縫い代を0.5cmにカットし、カーブに切込みを入れる。
6 返し口から表に返し、返し口をまつる。裏布の角にスプリングホックを縫いつける。

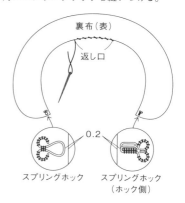

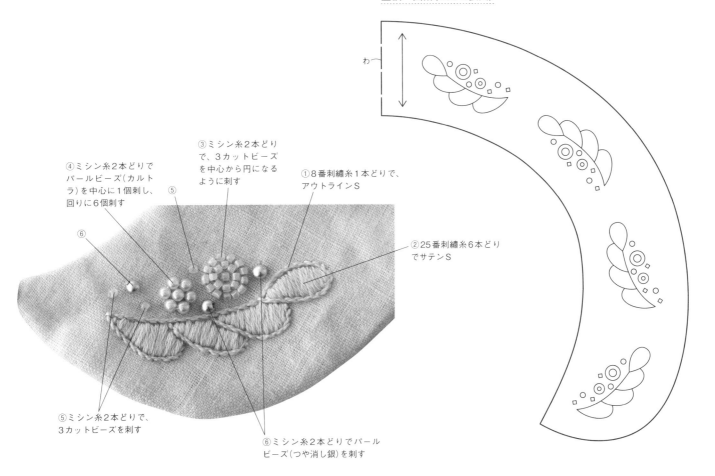

型紙・図案(200%拡大)

①8番刺繡糸1本どりで、アウトラインS

②25番刺繡糸6本どりでサテンS

③ミシン糸2本どりで、3カットビーズを中心から円になるように刺す

④ミシン糸2本どりでパールビーズ(カルトラ)を中心に1個刺し、回りに6個刺す

⑤ミシン糸2本どりで、3カットビーズを刺す

⑥ミシン糸2本どりでパールビーズ(つや消し銀)を刺す

p.24　カメリアのつけ衿

材料

糸
- ミシン糸[DARUMA ロフティ]…黒(B)
- 8番刺繡糸[DMC]…黒(310)
- 25番刺繡糸[DMC]…黒(310)、グレー(535)

ビーズ
- 丸特小ビーズ[MIYUKI]…黒(H2921/♯401)を約250個
- 3カットビーズ[MIYUKI]…黒(H2790/♯401)を50個
- パールビーズ 2.5mm[TOHO]…黒(204)を6個

その他
- オーガンジー(黒)…40×30cm
- リネン(黒)…40×30cm
- 直径1.2cmの足つきボタン(パール)…1個
- スプリングホック…1組み

作り方

1 オーガンジーの裏側に型紙を写し、表側に図案を写す(p.50-**1**参照)。表布になる。
  ＊型紙と図案は左右対称に写す。

2 右ページの順に刺繡をする(p.51、52-**2**、**3**参照)。

3 表布とリネン(裏布)を中表に合わせ、返し口を残して縫い合わせる。

4 縫い代を0.5cmにカットし、カーブに切込みを入れる(p.76-**5**参照)。

5 返し口から表に返し、返し口をまつる。裏布の角にスプリングホックを縫いつける(p.76-**6**参照)。表布の左衿の角にボタンを縫いつける。

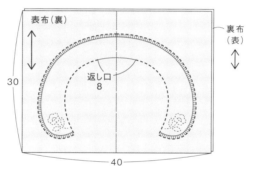

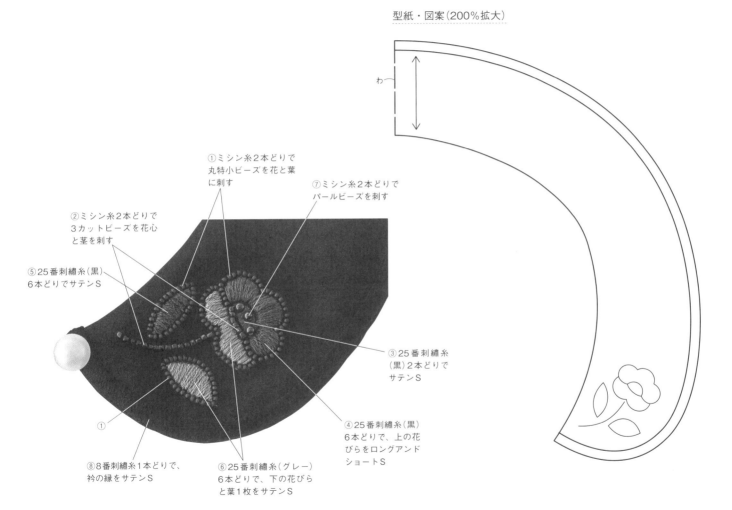

p.17, 27　ピンクダイヤモンド

材料（1個分）
糸
- ミシン糸［DARUMA ロフティ］…生成り(A)、黒(B)
- 25番刺繍糸［DMC］…生成り(ECRU)、淡ベージュ(543)、濃グレー(3799)
- ウール糸［DARUMA 原毛に近いメリノウール］…ライトベージュ(2)
- 8番刺繍糸［DMC］…白(762)

ビーズ
- 3カットビーズ［MIYUKI］…淡ベージュ(H5377/♯1296)を約65個
- パールビーズ3mm［TOHO］…金(301)を1個
- パールビーズ2mm［TOHO］…つや消し金(a-44)を2個
- 丸特小ビーズ［MIYUKI］…濃グレー(H5760/♯2001)を約55個

その他
- オーガンジー(白)…20×20cm
- 合皮(薄グレー)…花用4×3.5cm、葉用2×4.5cm
- 手芸用ワイヤー♯18…3.5cm
- ブローチピン…25mm

作り方
1. オーガンジーを刺繍枠に張り図案を写す(p.50-**1**参照)。
2. 下記の順に刺繍をする(p.51、52-**2**、**3**、**5**参照)。
3. オーガンジーをカットする(p.52-**4**参照)。
4. ワイヤーに8番刺繍糸を巻いて茎を作る(p.53-**6**参照)。
5. ミシン糸(生成り)2本どりで、葉に茎をつける(p.53-**7**参照)。葉のつけ位置は写真を参照する。
6. 花に茎と合皮をつけて仕上げる(p.54-**8**参照)。

実物大図案

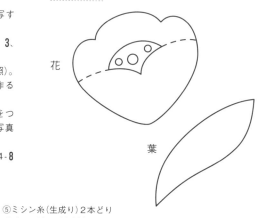

花／葉

⑤ミシン糸(生成り)2本どりでパールビーズを刺す

②25番刺繍糸(生成り)2本どりでサテンS

③25番刺繍糸(淡ベージュ)6本どりで、上をサテンS

①ミシン糸(生成り)2本どりで3カットビーズを刺す

④ウール糸1本どりで、下をサテンS。25番刺繍糸(淡ベージュ)6本どりで、ウール糸の上に重ねてサテンS(p.55 A参照)

⑥ミシン糸(黒)2本どりで丸特小ビーズを刺す

⑦25番刺繍糸(濃グレー)2本どりでチェーンSで埋める

p.16, 28　マーガレット

材料（1個分）

糸
- ミシン糸[DARUMA ロフティ]…生成り(A)
- ウール糸[DARUMA 原毛に近いメリノウール]…きなり(1)
- 25番刺繍糸[DMC]…山吹色(676)
- 5番刺繍糸[DMC]…ベージュ(3046)

ビーズ
- 3カットビーズ[MIYUKI]…白(H5362/♯528)を約95個
- 3カットビーズ[MIYUKI]…ベージュ(H5367/♯578)を約20個

その他
- オーガンジー(白)…20×20cm
- 合皮(薄グレー)…5×4cm
- ブローチピン…25mm

作り方

1. オーガンジーを刺繍枠に張り図案を写す(p.50-**1**参照)。
2. 下記の順に刺繍をする(p.51-**2**、**3**参照)。
3. オーガンジーをカットする(p.52-**4**参照)。
4. 合皮をつけて仕上げる(p.54-**8**参照)。

実物大図案

①ミシン糸2本どりで3カットビーズ(白)を刺す

②ミシン糸2本どりで3カットビーズ(ベージュ)を1個分ずつ間をあけながら刺す

③ウール糸1本どりでロングアンドショートS

④25番刺繍糸6本どりでサテンS。その上に重ねて5番刺繍糸1本どりで、ネット状にストレートSを刺す(p.63-**2**-④参照)

p.16, 29 リース

材料（1個分）
糸
- ミシン糸[DARUMA ロフティ]…薄グレー(178)
- ウール糸[DARUMA 原毛に近いメリノウール]…きなり(1)
- ウール糸[DARUMA iroiro]ライトグレー(50)

ビーズ
- 丸小ビーズ[TOHO]…つや消しクリア(1F)を約90個
- 丸小ビーズ[TOHO]…つや消し銀(21F)を約35個
- パールビーズ 2.5mm[TOHO]…つや消し銀(a-35)を4個
- パールビーズ 2.5mm[TOHO]…銀(300)を4個

その他
- オーガンジー(白)…20×20cm
- 合皮(薄グレー)…5.5×5cm
- ブローチピン…25mm

作り方
1. オーガンジーを刺繡枠に張り図案を写す(p.50-**1**参照)。
2. 下記の順に刺繡をする(p.51、52-**2**、**3**参照)。
3. オーガンジーをカットする(p.52-**4**参照)。中央部分は切り抜いて、縁と同様に処理する。
4. 合皮をつけて仕上げる(p.54-**8**参照)。

実物大図案

①ミシン糸2本どりで丸小ビーズ（つや消し銀）を1個分ずつあけながら輪郭線を刺す

②ミシン糸2本どりで丸小ビーズ（つや消しクリア）を1個分ずつあけながら輪郭線を刺す

③ウール糸（ライトグレー）1本どりでロングアンドショートS

④ウール糸（きなり）1本どりでロングアンドショートS

⑤ミシン糸2本どりでパールビーズ（つや消し銀）を刺す

⑥ミシン糸2本どりでパールビーズ（銀）を刺す

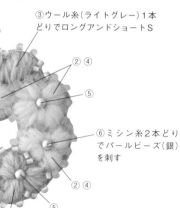

p.16, 30　アジサイ サークル

材料（1個分）

糸
- ミシン糸[DARUMA ロフティ]…薄グレー（178）
- ウール糸[DARUMA iroiro]…ライトグレー（50）

ビーズ
- パールビーズ 3mm[TOHO]…つや消し銀（a-36）を約45個
- 丸特小ビーズ[TOHO]…つや消し銀（21F）を約130個
- パールビーズ 2.5mm[TOHO]…カルトラ（201）を9個

その他
- オーガンジー（白）…20×20cm
- キルト芯…5×5cm
- 合皮（薄グレー）…5×5cm
- ブローチピン…25mm

作り方

1　オーガンジーを刺繍枠に張り、花と本体の図案をそれぞれ写す（p.50-**1**参照）。
2　下記の順に刺繍をする（p.51、52-**2**、**3**、**5**参照）。
3　花1個のオーガンジーをカットする（p.52-**4**参照）。
4　本体の上に**3**を重ねて縫いつける（p.55 C参照）。
5　**4**の裏側に、図案の円のサイズにカットしたキルト芯を接着剤ではる。
6　**5**のオーガンジーをカットする（p.52-**4**参照）。
7　合皮をつけて仕上げる（p.54-**8**参照）。

実物大図案

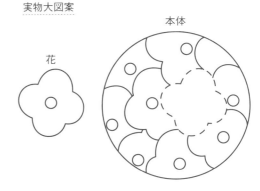

花　　本体

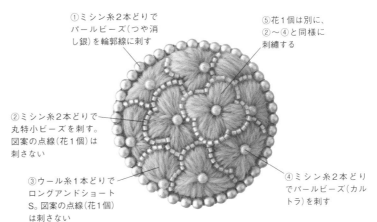

①ミシン糸2本どりでパールビーズ（つや消し銀）を輪郭線に刺す

②ミシン糸2本どりで丸特小ビーズを刺す。図案の点線（花1個）は刺さない

③ウール糸1本どりでロングアンドショートS。図案の点線（花1個）は刺さない

④ミシン糸2本どりでパールビーズ（カルトラ）を刺す

⑤花1個は別に、②〜④と同様に刺繍する

p.16, 31　マーガレット オーバル

材料（1個分）
糸
・ミシン糸［DARUMA ロフティ］…生成り（A）
・ウール糸［DARUMA iroiro］…オフホワイト（1）
ビーズ
・3カットビーズ［MIYUKI］…白（H5362／♯528）を約95個
・丸特小ビーズ［MIYUKI］…パール銀引（H5364／♯551）を約180個
その他
・オーガンジー（白）…20×20cm
・キルト芯…6.5×4cm
・合皮（薄グレー）…6.5×4cm
・ブローチピン…25mm

作り方
1　オーガンジーを刺繡枠に張り図案を写す（p.50-**1**参照）。
2　下記の順に刺繡をする（p.51-**2**、**3**参照）。
3　**2**の裏側に、図案の楕円のサイズにカットしたキルト芯を接着剤ではる。
4　**3**のオーガンジーをカットする（p.52-**4**参照）。
5　合皮をつけて仕上げる（p.54-**8**参照）。

実物大図案

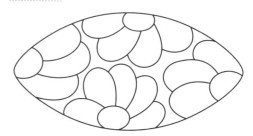

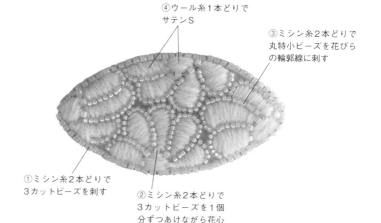

④ウール糸1本どりでサテンS
③ミシン糸2本どりで丸特小ビーズを花びらの輪郭線に刺す
①ミシン糸2本どりで3カットビーズを刺す
②ミシン糸2本どりで3カットビーズを1個分ずつあけながら花心の輪郭線を刺す

p.32 アネモネのネックレス

材料

糸
- ミシン糸[DARUMA ロフティ]…生成り(A)、黒(B)
- ウール糸[DARUMA 原毛に近いメリノウール]…ライトベージュ(2)
- 25番刺繍糸[DMC]…グレー(535)
- 8番刺繍糸[DMC]…黒(310)

ビーズ
- 3カットビーズ[MIYUKI]…淡ベージュ(H5377/♯1296)を約240個
- 3カットビーズ[MIYUKI]…メタリック黒(H5338/♯387)を約45個

その他
- オーガンジー(白)…28×28cm
- 合皮(濃グレー)…14×7.5cm
- 1.2cm幅のベルベットリボン(黒)…52cmを2本

作り方

1. オーガンジーを刺繍枠に張り図案を写す(p.50-**1**参照)。
2. 下記の順に刺繍をする(p.51-**2**、**3**参照)。
3. オーガンジーをカットする(p.52-**4**参照)。
4. リボンのそれぞれの片端は幅0.5cmの三つ折りにし、ミシン糸(黒)1本どりでまつる。図案を参照して、**3**の裏側のリボンつけ位置に、それぞれリボンを接着剤でつける(p.92-**5**参照)。
5. 合皮をつけて仕上げる(p.54-**8**参照)。

図案(200%拡大)

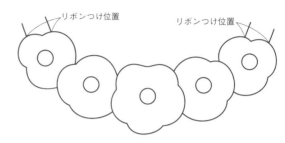

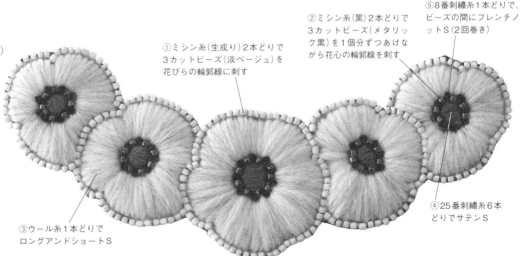

① ミシン糸(生成り)2本どりで3カットビーズ(淡ベージュ)を花びらの輪郭線に刺す

② ミシン糸(黒)2本どりで3カットビーズ(メタリック黒)を1個分ずつあけながら花心の輪郭線を刺す

③ ウール糸1本どりでロングアンドショートS

④ 25番刺繍糸6本どりでサテンS

⑤ 8番刺繍糸1本どりで、ビーズの間にフレンチノットS(2回巻き)

p.17, 33 ライラック

材料（1個分）

糸
- ミシン糸[DARUMA ロフティ]…生成り(A)、黒(B)
- ウール糸[DARUMA 原毛に近いメリノウール]…きなり(1)、ライトベージュ(2)
- 25番刺繡糸[DMC]…薄グレー(648)
- 8番刺繡糸[DMC]…白(762)

ビーズ
- 丸特小ビーズ[MIYUKI]…パール中染(#215)を約90個
- 丸特小ビーズ[MIYUKI]…パール銀引(H5168/#551)を約70個
- パールビーズ 2.5mm[TOHO]…つや消し金(a-45)を4個
- 丸特小ビーズ[MIYUKI]…グレー(H5760/#2001)を約65個

その他
- オーガンジー(白)…20×20cm
- 合皮(薄グレー)…花用3×5cm、葉用4×2.5cm
- 手芸用ワイヤー#18…4cm
- ブローチピン…25mm

作り方

1. オーガンジーを刺繡枠に張り図案を写す(p.50-**1**参照)。
2. 下記の順に刺繡をする(p.51、52-**2**、**3**、**5**参照)。
3. オーガンジーをカットする(p.52-**4**参照)。
4. ワイヤーに8番刺繡糸を巻いて茎を作る(p.53-**6**参照)。
5. ミシン糸(生成り)2本どりで、葉に茎をつける(p.53-**7**参照)。葉のつけ位置は写真を参照する。
6. 花に茎と合皮をつけて仕上げる(p.54-**8**参照)。

実物大図案

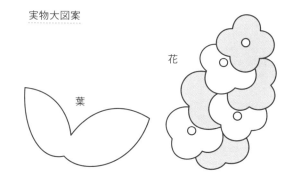

葉　　花

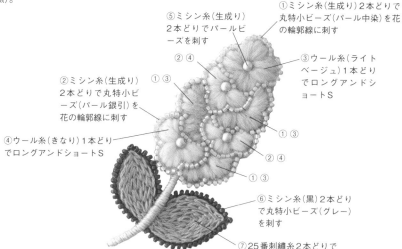

① ミシン糸(生成り)2本どりで丸特小ビーズ(パール中染)を花の輪郭線に刺す

② ミシン糸(生成り)2本どりで丸特小ビーズ(パール銀引)を花の輪郭線に刺す

③ ウール糸(ライトベージュ)1本どりでロングアンドショートS

④ ウール糸(きなり)1本どりでロングアンドショートS

⑤ ミシン糸(生成り)2本どりでパールビーズを刺す

⑥ ミシン糸(黒)2本どりで丸特小ビーズ(グレー)を刺す

⑦ 25番刺繡糸2本どりでチェーンSで埋める

p.34　ノバラ

材料(1個分)

ホワイト

糸
- 25番刺繍糸[DMC]…薄グレー(01)
- ウール糸[DARUMA 原毛に近いメリノウール]…きなり(1)

ビーズ
- 丸特小ビーズa[TOHO]…つや消し銀(21F)を約60個
- 3カットビーズ[MIYUKI]…白(H5362/#528)を約20個

ホワイト・ピンク共通の材料

糸
- ミシン糸[DARUMA ロフティ]…生成り(A)、黒(B)
- 8番刺繍糸[DMC]…薄グレー(762)
- 25番刺繍糸[DMC]…生成り(ECRU)、グレー(535)

ビーズ
- パールビーズ 2.5mm[TOHO]…金(301)を1個
- 丸特小ビーズb[MIYUKI]…濃グレー(H5760/#2001)を約65個

その他
- オーガンジー(白)…20×20cm
- 合皮(薄グレー) …花用3.5×3.5cm、葉用4.5×2cm
- 手芸用ワイヤー#18…3.5cm
- ブローチピン…15mm

ピンク

糸
- 25番刺繍糸[DMC]…薄ピンク(543)
- ウール糸[DARUMA 原毛に近いメリノウール]…ライトベージュ(2)
- 8番刺繍糸[DMC]…生成り(ECRU)

ビーズ
- 丸特小ビーズa[MIYUKI]…パール中染(#215)を約60個
- 3カットビーズ[MIYUKI]…淡ベージュ(H5377/#1296)を約20個

作り方

1. オーガンジーを刺繍枠に張り図案を写す(p.50-**1**参照)。
2. 右記の順に刺繍をする(p.51、52-**2**、**3**、**5**参照)。
3. オーガンジーをカットする(p.52-**4**参照)。
4. ワイヤーに8番刺繍糸(ホワイトは薄グレー、ピンクは生成り)を巻いて茎を作る(p.53-**6**参照)。
5. ミシン糸(生成り)2本どりで、葉に茎をつける(p.53-**7**参照)。葉のつけ位置は写真を参照する。
6. 花に茎と合皮をつけて仕上げる(p.54-**8**参照)。

実物大図案

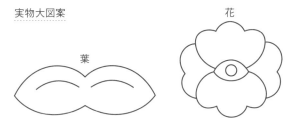

葉　　　花

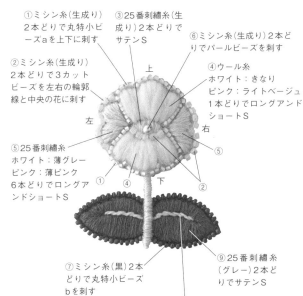

①ミシン糸(生成り)2本どりで丸特小ビーズaを上下に刺す

②ミシン糸(生成り)2本どりで3カットビーズを左右の輪郭線と中央の花に刺す

③25番刺繍糸(生成り)2本どりでサテンS

④ウール糸　ホワイト:きなり　ピンク:ライトベージュ　1本どりでロングアンドショートS

⑤25番刺繍糸　ホワイト:薄グレー　ピンク:薄ピンク　6本どりでロングアンドショートS

⑥ミシン糸(生成り)2本どりでパールビーズを刺す

⑦ミシン糸(黒)2本どりで丸特小ビーズbを刺す

⑧8番刺繍糸(薄グレー)1本どりでアウトラインS

⑨25番刺繍糸(グレー)2本どりでサテンS

上　左　右　下

p.35 ローズ

材料（1個分）

[ホワイト]

糸
- ミシン糸[DARUMAロフティ]…生成り(A)
- ウール糸[DARUMA 原毛に近いメリノウール]…きなり(1)
- 25番刺繍糸[DMC]…淡ベージュ(453)
- 8番刺繍糸[DMC]…薄グレー(762)

ビーズ
- 丸特小ビーズ[TOHO]…つや消しクリア(1F)を約140個
- パールビーズ3mm[TOHO]…つや消し金(a-46)を1個
- 六角特小ビーズ[MIYUKI]…白(HC14/#421)を約15個

[ブラック]

糸
- ミシン糸[DARUMAロフティ]…黒(B)
- ウール糸[DARUMA 原毛に近いメリノウール]…ライトグレー(9)
- 25番刺繍糸[DMC]…濃グレー(413)
- 8番刺繍糸[DMC]…濃グレー(413)

ビーズ
- 丸特小ビーズ[MIYUKI]…つや消し黒(H5762/#401F)を約140個
- パールビーズ3mm[TOHO]…つや消し銀(a-36)を1個
- 六角特小ビーズ[MIYUKI]…銀(HC11/#1)を約15個

[ホワイト・ブラック共通の材料]

その他
- オーガンジー(白)…20×20cm
- 合皮(濃グレー)…花用4×3.5cm、葉用3.5×2.5cm
- 手芸用ワイヤー#18…4cm
- ブローチピン…25mm

作り方

1 オーガンジーを刺繍枠に張り図案を写す(p.50-**1**参照)。
2 右記の順に刺繍をする(p.51、52-**2**、**3**、**5**参照)。
3 オーガンジーをカットする(p.52-**4**参照)。
4 ワイヤーに8番刺繍糸を巻いて茎を作る(p.53-**6**参照)。
5 ミシン糸2本どりで、葉に茎をつける(p.53-**7**参照)。葉のつけ位置は写真を参照する。
6 花に茎と合皮をつけて仕上げる(p.54-**8**参照)。

実物大図案

花

葉

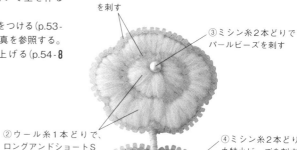

①ミシン糸2本どりで丸特小ビーズを刺す
②ウール糸1本どりで、ロングアンドショートS
③ミシン糸2本どりでパールビーズを刺す
④ミシン糸2本どりで丸特小ビーズを刺す
⑤ミシン糸2本どりで六角特小ビーズを刺す
⑥25番刺繍糸6本どりでサテンS

p.17, 36　アジサイ

材料（1個分）

糸
- ミシン糸[DARUMA ロフティ]…黒(B)
- ウール糸[DARUMA iroiro]…紺(12)
- 8番刺繍糸[DMC]…濃グレー(413)
- 25番刺繍糸[DMC]…ダークブルー(3750)、シルバーグレー(04)

ビーズ
- 丸特小ビーズ[TOHO]…グレー(113)を約140個
- パールビーズ 2.5mm[TOHO]…つや消し銀(a-35)を3個
- 丸特小ビーズ[MIYUKI]…濃グレー(H5760/♯2001)を約50個
- 六角特小ビーズ[MIYUKI]…銀(HC11/♯1)を12個

その他
- オーガンジー(白)…20×20cm
- 合皮(濃グレー)…4×5cm
- 手芸用ワイヤー♯18…4cm
- ブローチピン…25mm

作り方

1. オーガンジーを刺繍枠に張り図案写す(p.50-**1**参照)。
2. 下記の順に刺繍をする(p.51-**2**、**3**参照)。
3. オーガンジーをカットする(p.52-**4**参照)。
4. ワイヤーに8番刺繍糸を巻いて茎を作る(p.53-**6**参照)。
5. 茎と合皮をつけて仕上げる(p.54-**8**参照)。

実物大図案

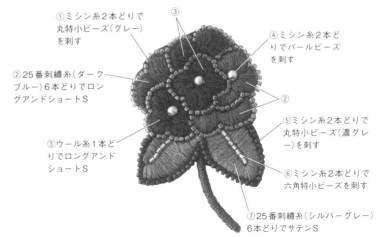

①ミシン糸2本どりで丸特小ビーズ(グレー)を刺す
②25番刺繍糸(ダークブルー)6本どりでロングアンドショートS
③ウール糸1本どりでロングアンドショートS
④ミシン糸2本どりでパールビーズを刺す
⑤ミシン糸2本どりで丸特小ビーズ(濃グレー)を刺す
⑥ミシン糸2本どりで六角特小ビーズを刺す
⑦25番刺繍糸(シルバーグレー)6本どりでサテンS

p.17, 37　ルリ

材料（1個分）

糸
- ミシン糸[DARUMA ロフティ]…黒(B)、生成り(A)
- ウール糸[DARUMA iroiro]…紺(12)
- 8番刺繡糸[DMC]…生成り(ECRU)
- 25番刺繡糸[DMC]…薄ベージュ(613)、青(803)

ビーズ
- 丸特小ビーズ[TOHO]…グレー(113)を約65個
- 丸特小ビーズ[TOHO]…ベージュ(369)を6個
- パールビーズ 2.5mm[TOHO]…金(301)を2個
- パールビーズ 3mm[TOHO]…つや消し銀(a-36)を1個

その他
- オーガンジー(白)…20×20cm
- 合皮(濃グレー)…4×3.5cm
- 手芸用ワイヤー♯18…3cm
- ブローチピン…15mm

作り方

1. オーガンジーを刺繡枠に張り図案を写す (p.50-**1**参照)。
2. 下記の順に刺繡をする(p.51-**2**、**3**参照)。
3. ワイヤーに8番刺繡糸を巻いて茎を作る (p.53-**6**参照)。
4. 茎と合皮をつけて仕上げる(p.54-**8**参照)。

実物大図案

④ウール糸1本どりでロングアンドショートS

金

①ミシン糸(黒)2本どりで丸特小ビーズ(グレー)を刺す

⑤25番刺繡糸(青)6本どりで、ウール糸の上にすきまをあけて重ねてストレートS(p.55 A参照)

③25番刺繡糸(薄ベージュ)2本どりでロングアンドショートS

⑥ミシン糸(生成り)2本どりでパールビーズを刺す

銀

②ミシン糸(生成り)2本どりで丸特小ビーズ(ベージュ)を刺す

p.16, 37　リンドウ

材料（1個分）

糸
- ミシン糸[DARUMAロフティ]…黒（B）
- ウール糸[DARUMA iroiro]…紺（12）、ライトグレー（50）
- 25番刺繍糸[DMC]…薄ベージュ（613）、紺（823）、濃紺（3750）、濃グレー（3799）
- 8番刺繍糸[DMC]…濃グレー（413）

ビーズ
- 丸特小ビーズ[TOHO]…グレー（113）を約80個
- パールビーズ 2.5mm[TOHO]…銀（300）を1個
- 丸特小ビーズ[MIYUKI]…濃グレー（H5760/#2001）を約95個

その他
- オーガンジー（白）…20×20cm
- 合皮（濃グレー）…5.5×5.5cm
- ブローチピン…25mm

作り方

1　オーガンジーを刺繡枠に張り図案を写す（p.50-**1**参照）。
2　下記の順に刺繡をする（p.51、52-**2**、**3**、**5**参照）。
3　オーガンジーをカットする（p.52-**4**参照）。
4　合皮をつけて仕上げる（p.54-**8**参照）。

実物大図案

①ミシン糸2本どりで丸特小ビーズ（グレー）を花の輪郭線に刺す

②ウール糸（紺）1本どりで左右をサテンS

③25番刺繡糸（薄ベージュ）2本どりでサテンS

④25番刺繡糸（濃紺）2本どりでサテンS

⑤ウール糸（ライトグレー）1本どりでロングアンドショートS

⑥25番刺繡糸（濃紺）6本どりで、ウール糸の上に重ねて上側1/3にロングアンドショートS（p.55 A参照）

⑦25番刺繡糸（紺）6本どりで、⑥とつなげるようにウール糸の上に重ねてロングアンドショートS

⑧ミシン糸2本どりでパールビーズを刺す

⑨ミシン糸2本どりで丸特小ビーズ（濃グレー）を葉の輪郭線に刺す

⑩8番刺繡糸2本どりでアウトラインS

⑪25番刺繡糸（濃グレー）4本どりでサテンS

p.38 バラのネックレス

材料

糸
- ミシン糸[DARUMA ロフティ]…生成り(A)
- ウール糸[DARUMA 原毛に近いメリノウール]…きなり(1)

ビーズ
- 丸特小ビーズ[MIYUKI]…パール銀引(H5168/#551)を約265個
- 3カットビーズ[MIYUKI]…白(H5362/#528)を約120個
- パールビーズ3mm[TOHO]…カルトラ(201)を5個

その他
- オーガンジー(白)…28×28cm
- 合皮(薄グレー)…12×6cm
- 1.2cm幅のベルベットリボン(薄グレー)…52cmを2本

作り方

1. オーガンジーを刺繡枠に張り、本体と花5個の図案をそれぞれ写す(p.50-**1**参照)。
2. 本体と花を右記の順にそれぞれ刺繡をする(p.51-**2**、**3**参照)。
3. オーガンジーをカットする(p.52-**4**参照)。
4. 本体の上に花を重ねて、ミシン糸2本どりで縫いつける(p.55 C参照)。
5. リボンのそれぞれの片端は幅0.5cmの三つ折りにして、ミシン糸1本どりでまつる。**4**の裏側のリボンつけ位置にリボンを接着剤でつける。
6. 合皮をつけて仕上げる(p.54-**8**参照)。

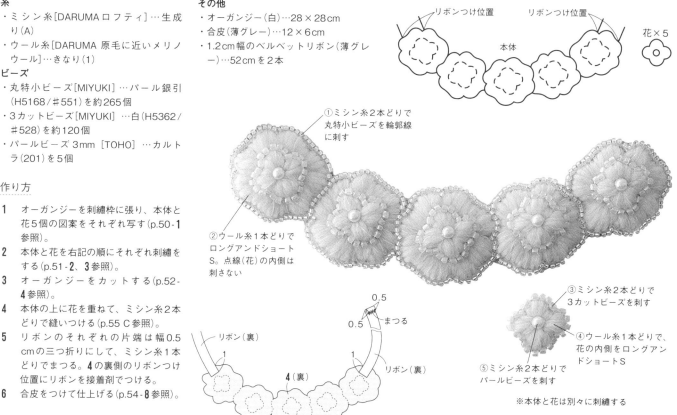

p.16, 39　スイセン

材料（1個分）

糸
- ミシン糸[DARUMA ロフティ]…薄グレー(178)
- ウール糸[DARUMA 原毛に近いメリノウール]…きなり(1)
- 25番刺繍糸[DMC]…薄ベージュ(613)

ビーズ
- 丸特小ビーズ[TOHO]…つや消し銀(21F)を約165個
- 丸特小ビーズ[MIYUKI]…パール銀引(H5168／#551)を約50個
- パールビーズ 2mm[TOHO]…金(301)を3個

その他
- オーガンジー（白）…20×20cm
- 合皮（薄グレー）…4×6.5cm
- ブローチピン…25mm

作り方

1. オーガンジーを刺繍枠に張り図案を写す（p.50-**1**参照）。
2. 下記の順に刺繍をする（p.51-**2**、**3**参照）。
3. オーガンジーをカットする（p.52-**4**参照）。
4. 合皮をつけて仕上げる（p.54-**8**参照）。

実物大図案

①ミシン糸2本どりで丸特小ビーズ（つや消し銀）を花びらの輪郭線に刺す

②ミシン糸2本どりで丸特小ビーズ（パール銀引）を花心の輪郭線に刺す

③ウール糸1本どりでロングアンドショートS

④25番刺繍糸6本どりでロングアンドショートS

⑤ミシン糸2本どりでパールビーズを刺す

p.16, 40　スズラン

材料（1個分）

糸
- ミシン糸［DARUMA ロフティ］…薄グレー（178）、黒（B）
- ウール糸［DARUMA 原毛に近いメリノウール］…きなり（1）
- 25番刺繍糸［DMC］…紺（823）、薄グレー（01）

ビーズ
- 丸特小ビーズ［TOHO］…つや消し銀（21F）を約80個
- パールビーズ 2.5mm［TOHO］…白（200）を3個
- 丸特小ビーズ［MIYUKI］…濃グレー（H5760／#2001）を約95個

その他
- オーガンジー（白）…20×20cm
- 合皮（薄グレー）…6.5×3cm
- ブローチピン…25mm

作り方

1 オーガンジーを刺繍枠に張り、葉と花の図案をそれぞれ写す（p.50-**1**参照）。
2 下記の順に刺繍をする（p.51、52-**2**、**3**、**5**参照）。
3 オーガンジーをカットする（p.52-**4**参照）。
4 図案の葉の点線の位置に花を重ね、ミシン糸（薄グレー）2本どりで縫いつける（p.55 C参照）。
5 合皮をつけて仕上げる（p.54-**8**参照）。

実物大図案

葉

花

④葉は別にミシン糸（黒）2本どりで丸特小ビーズ（濃グレー）を葉の輪郭線に刺す

⑤25番刺繍糸（紺）2本どりで内側をチェーンSで埋める。図案の点線の内側も刺す

⑥25番刺繍糸（薄グレー）2本どりでアウトラインS。図案の点線の内側も刺す

①ミシン糸（薄グレー）2本どりで丸特小ビーズ（つや消し銀）を花の輪郭線に刺す

②ウール糸1本どりでサテンS

③ミシン糸（薄グレー）2本どりでパールビーズを刺す

p.17, 41 スミレ

材料(1個分)

ホワイト

糸
- ミシン糸[DARUMA ロフティ]…生成り(A)
- ウール糸[DARUMA 原毛に近いメリノウール]…きなり(1)
- ウール糸[DARUMA iroiro]…黒(47)

ビーズ
- 丸特小ビーズ[TOHO]…つや消しクリア(1F)を約60個

ブラック

糸
- ミシン糸[DARUMA ロフティ]…黒(B)
- ウール糸[DARUMA 原毛に近いメリノウール]…黒(10)
- ウール糸[DARUMA iroiro]…ライトグレー(50)

ビーズ
- 丸特小ビーズ[MIYUKI]…黒(H2921/♯401)を約60個

ホワイト・ブラック共通の材料

糸
- 8番刺繍糸[DMC]…濃グレー(413)、黒(310)
- 25番刺繍糸[DMC]…ダークグレー(3799)

ビーズ
- 3カットビーズ[MIYUKI]…金(182)を約4個

その他
- オーガンジー(白)…20×20cm
- 合皮(薄グレー)…3.5×3.5cm
- 手芸用ワイヤー♯18…3cm
- ブローチピン…15mm

作り方

1. オーガンジーを刺繍枠に張り図案を写す(p.50-**1**参照)。
2. 右記の順に刺繍をする(p.51-**2**、**3**参照)。
3. オーガンジーをカットする(p.52-**4**参照)。
4. ワイヤーに8番刺繍糸(濃グレー)を巻いて茎を作る(p.53-**6**参照)。
5. 茎と合皮をつけて仕上げる(p.54-**8**参照)。

実物大図案

①ミシン糸2本どりで丸特小ビーズを刺す

④ミシン糸2本どりで3カットビーズを刺す

②ウール糸
ホワイト:きなり
ブラック:黒
1本どりでロングアンドショートS

③ウール糸
ホワイト:黒
ブラック:ライトグレー
1本どりで、花心をロングアンドショートS

⑤8番刺繍糸(濃グレー)2本どりで、輪郭線をアウトラインS

⑥25番刺繍糸2本どりで、ロングアンドショートS

⑦8番刺繍糸(黒)1本どりで⑥の上に重ねてストレートS(p.55 A参照)

小林彩乃　Ayano Kobayashi

1990年生れ。大阪府在住。オートクチュール刺繡を学んだ後、2015年より刺繡ブローチのブランド「acou:(アク)」を始める。ショップでの作品販売や企画展への参加等で活動中。抑えた色味に愛らしい花のモチーフは、幅広い年齢層に親しまれている。
https://acou28.com/

ブックデザイン	葉田いづみ
撮影	和田裕也
スタイリング	轟木節子
ヘア＆メイク	扇本尚幸
モデル	カイノユウ
トレース	文化フォトタイプ
校閲	向井雅子
作り方解説	海老原順子
編集	田中 薫(文化出版局)

シックな色の糸とビーズで、花の刺繡ブローチ

2018年12月17日　第1刷発行
2020年10月23日　第5刷発行

著　者　小林彩乃
発行者　濱田勝宏
発行所　学校法人文化学園 文化出版局
　　　　〒151-8524
　　　　東京都渋谷区代々木3-22-1
　　　　tel.03-3299-2485(編集)
　　　　tel.03-3299-2540(営業)
印刷・製本所　株式会社文化カラー印刷

©Ayano Kobayashi 2018　Printed in Japan
本書の写真、カット及び内容の無断転載を禁じます。

・本書のコピー、スキャン、デジタル化等の無断複製は著作権法上での例外を除き、禁じられています。本書を代行業者等の第三者に依頼してスキャンやデジタル化することは、たとえ個人や家庭内での利用でも著作権法違反になります。
・本書で紹介した作品の全部または一部を商品化、複製頒布、及びコンクールなどの応募作品として出品することは禁じられています。
・撮影状況や印刷により、作品の色は実物と多少異なる場合があります。ご了承ください。

文化出版局のホームページ
http://books.bunka.ac.jp/

【材料・道具提供】
横田(DARUMA)…毛糸、ミシン糸
http://www.daruma-ito.co.jp/
tel.06-6251-2183

ディー・エム・シー…刺繡糸
http://www.dmc.com
tel.03-5296-7831

トーホー…ビーズ
http://www.toho-beads.co.jp
tel.082-237-5151

MIYUKI…ビーズ、スパンコール
https://www.miyuki-beads.co.jp
tel.084-972-4747

クロバー…刺繡枠、針、はさみ
http://www.clover.co.jp
tel.06-6978-2277

【衣装協力】
アッシュ・スタンダード アトレ恵比寿店
tel.03-5475-8497
p.3ニット(リュ ブランシュ)

アデュー トリステス　tel.03-6861-7658
p.4ニットガウン

アリス デイジー ローズ
tel.03-6804-2200
p.26ローブ(タブリク)

GASA*　tel.03-3443-9895
p.11シャツ、p.31ストール
(ガサ*グルー)、p.26、p.39ワンピース

グラストンベリーショールーム
tel.03-6231-0213
p.27ジャンプスーツ(オネット)、
カットソー(オルウェル)

KMDFARM　tel.03-5458-1791
p.14スカート
p.36デニムパンツ(ネセセア)

シップス プライマリーネイビーレーベル
tel.03-3561-0552
p.12シャツ(ネル×シップス)

スズキ タカユキ　tel.03-5774-0731
p.11ジャケット

TORO　tel.03-6447-4147
p.4、19ブラウス、p.13フリルワンピース、
p.14バッグ

ヒューマンウーマン　tel.03-6748-0350
p.31ニット

プントデザイン　tel.03-5766-8586
p.4スカーフ(エアルーム プロダクツ)

ほぼ日ストア　tel.03-5770-1103
p.38シャツジャケット
(Setsuko Todoroki × THE FACTORY)

リフラティ シップス たまプラーザ
テラス店　tel.045-905-0752
p.41ジャケット(ギャレゴデスポート)